모든 언어는 평등하다

지구 상의 모든 언어는
인류 공동체 문명 발전의 발자취입니다.
힘이 센 나라의 언어라 해서 더 좋거나 더 중요한 언어가 아닌 것처럼,
많은 사람들이 쓰지 않는 언어라 해서 덜 좋거나 덜 중요한 언어는 아닙니다.

문화 다양성에 따른 언어 다양성은 인류가 서로 견제하고
긍정적인 자극을 주고받으며 소통, 발전할 수 있는 계기가 됩니다.
그러나 안타깝게도 현재 일부 언어가 '국제어'라는 이름 아래
전 세계 사람들에게 강요되고 있습니다.

언어평등의 꿈은 전 세계 모든 언어를 학습할 수 있는 어학 콘텐츠를
개발하는 것입니다. 어떠한 언어에도 우위를 주지 않고, 다양한 언어의 고유
가치를 지켜나가겠습니다. 누구나 배우고 싶은 언어를 자유롭게 선택해서
배울 수 있도록 더욱 정진하겠습니다.

언어평등은 문예림의 아날로그와 디지털을 아우르는
어학 콘텐츠 브랜드입니다.
56년째 언어 생각뿐.

언어평등 시리즈
첫걸음

ARCTIC OCEAN

NORTH PACIFIC
OCEAN

NORTH ATLANTIC
OCEAN

SOUTH PACIFIC
OCEAN

Brazil

SOUTH ATL
OCEAN

언어평등은 누구나 평등하고 자유롭게 전 세계 모든 언어를
학습 할 수 있도록 여러분과 함께 할 것입니다.

브라질 포르투갈어는 로망스어군에서 갈라져 온 서이베리아어의 하나이다. 브라질과
포르투갈 이외에도 앙골라, 마카오, 모잠비크, 동티모르, 적도기니와 옛 포르투갈령
인도 고아 주, 다만 디우 그리고 말레이시아의 말라카와 동아프리카 탄자니아의
잔지바르 공화국에서도 사용되고 약 2억 3천만가량의 인구가 모국어로 사용하고 있다.

ARCTIC OCEAN

NORTH PACIFIC
OCEAN

Portugal

Macao

Equatorial Guinea

Angola

Timor-Leste

Cape Verde

INDIAN OCEAN

Mozambique

동영상 강의
시청하기

언어평등 (www.EQlangs.com) 구매하면
해당도서의 강의를 보실 수 있습니다.
저자가 알려주는 언어 이야기도 보실 수 있습니다.

MP3 다운로드 방법

1단계
언어평등 (www.EQlangs.com) 사이트
고객센터 - 자료실 - MP3 들어오기

2단계
제목_____에 찾고자 하는
도서명을 입력 후 검색하세요.

www.EQlangs.com

평등한 언어 세상을 위한 시작

브라질·포르투갈어 첫걸음

평등한 언어 세상을 위한 시작

브라질·포르투갈어 첫걸음

Igualdade linguística

Primeiros passos do português brasileiro

언어평등

평등한 언어 세상을 위한 시작

브라질·포르투갈어 첫걸음

초판 3쇄 인쇄 2023년 3월24일
초판 3쇄 발행 2023년 4월3일

지은이 김한철
펴낸이 서덕일
펴낸곳 언어평등

출판등록 2018.6.5 (제2018-63호)
주소 경기도 파주시 회동길 366 3층 (10881)
전화 (02)499-1281~2 **팩스** (02)499-1283
전자우편 info@moonyelim.com
홈페이지 www.EQlangs.com

ISBN 979-11-964086-4-0 (13770)
값 15,000원

포르투갈어는 라틴어 기반 로망스어의 한 종류로서 세계에서 여섯 번째로 많이 사용되는 언어입니다. 현재 포르투갈, 브라질은 물론, 아프리카의 앙골라, 모잠비크, 카보베르데, 기니비사우, 상투메프린시페, 그리고 아시아의 동티모르 등에서 사용되고 있습니다.

특히 2억여 명의 인구와 한반도 38배의 영토를 가진 브라질은 잠재력이 무궁무진한 중남미 최대의 소비시장이고, 우리나라와의 관계도 경제, 사회, 문화적으로 매우 밀접해지고 있습니다. 이에 따라 브라질에서 사용하는 포르투갈어 학습에 대한 관심이 급증하고 있으며, 포르투갈어 구사가 가능한 인재의 양성도 더욱 필요한 상황입니다. 브라질포르투갈어는 브라질이 형성된 역사적 과정과 그 맥락을 함께 하여 정통 유럽 포르투갈어와는 다른 특징을 가지고 있습니다. 브라질 원주민 인디오들의 언어, 흑인 노예 수입으로 들어온 아프리카어 그리고 독일, 이탈리아 등에서 온 유럽이민자들의 영향을 모두 수용하여 발음, 문법, 어휘 면에서 다양한 변화를 거치며 새롭게 형성되었습니다. 브라질 덕분에 포르투갈어는 남반구에서는 가장 많이 쓰이는 언어이기도 합니다.

이 책은 포르투갈어를 처음 배우는 대학생, 브라질 현지에 파견되는 지역전문가 및 주재원들이 학습하기에 적합하도록 현지에서 겪을 수 있는 상황을 토대로 20강으로 구성하였습니다. 참고로 o로 끝나면 남성형, a로 끝나면 여성형인 어휘는 o/a로 표시하였고, a가 붙음으로써 여성형이 되는 어휘는 (a)로 표시하였습니다.

마지막으로 본서의 제작을 위해 끝까지 노력해 주신 출판사 직원들의 노고와 열정에 감사드리며, 작업의 진행 및 녹음에 도움을 주신 브라질인 Carlos Gorito 선생님과 Jéssica Fagundes 선생님께도 감사의 말씀을 전합니다. 언제나 깊은 믿음을 주시는 부모님, 항상 행복한 울타리를 제공해주는 사랑스러운 아내와 귀염둥이 멋진 아들에게도 이 지면을 빌어 무한한 감사의 마음을 전합니다.

김 한 철

PRONÚNCIA 발음

문자는 2차적 기억의 시스템이다

알파벳부터 모음 및 자음의 발음과 강세 규칙에 대하여
학습합니다. 음절의 구분에 따른 강세의 위치를 잘 파악
하여 반복 연습하는 것이 중요합니다.

DIÁLOGO 상황별 대화

경청은 지혜의 특권이다

각 강의 학습 내용에 기본이 되는 대화문을 상황별로 소
개합니다. 초보자의 학습에 도움이 되도록 10강까지는
한국어 독음을 표기하였습니다.

VOCABULÁRIO 어휘

단어의 이미지는 견고하다

각 강의 상황별 대화문에 등장하는 어휘를 바로 옆에 정
리하였습니다. 이미지를 연상하면서 어휘를 기억하도록
합니다.

GRAMÁTICA 문법

언어의 품사를 품다

각 강의 상황별 대화문에 등장하는 관련 문법 사항을 설
명하였습니다. 또한 시제에 따른 동사의 형태와 용법을
실용적인 예문과 함께 학습할 수 있습니다.

EXPRESSÃO 표현

언어의 역동성이 인간을 장악한다

각 강의 핵심 내용에 사용되는 표현을 주요 문장 패턴과 함께 제시하였습니다. 또한 어휘력의 확장을 위해 필수 어휘를 학습하도록 합니다.

APLICAÇÃO 응용

인류는 소통했기에 생존하였다

각 강에서 학습한 내용을 응용하여 말할 수 있는 다양한 문장을 제시하였습니다. 새로운 어휘와 구문을 통해 문장을 구성하는 응용력을 기릅니다.

PRÁTICA ORAL 말하기 훈련

반복이 언어성장의 힘이다

주요 동사의 쓰임에 근거하여 회화에서 가장 많이 쓰이는 기본적인 패턴과 실용 표현을 제시하였습니다. 시제와 인칭에 맞춰 반복적으로 말하는 훈련을 합니다.

EXERCÍCIO 연습문제

말할 권리를 절대 옹호한다

각 강에서 학습한 내용을 정리합니다. 한글로 제시된 문장을 포르투갈어로 말할 수 있는지 스스로 확인하고 복습하도록 합니다.

차 례

Contents ▶

준비학습

알파벳
ALFABETO

대문자	소문자	한글음역	음가
A	a	[a] 아	아
B	b	[be] 베	ㅂ
C	c	[ce] 쎄	ㄲ, ㅆ
D	d	[de] 데	ㄷ, ㅈ
E	e	[e] 에	에, (애), 이
F	f	[ɛfi] 에피(애피)	ㅍ
G	g	[ʒe] 제	ㄱ, ㅈ
H	h	[agá] 아가	묵음
I	i	[i] 이	이
J	j	[ʒɔta] 죠따(져따)	ㅈ
K	k	[ka] 까	ㄲ
L	l	[ɛli] 엘리(앨리)	ㄹ, 우
M	m	[emi] 에미	ㅁ, ㅇ
N	n	[eni] 에니	ㄴ, ㅇ
O	o	[ɔ] 오(어)	오, (어), 우
P	p	[pe] 뻬	ㅃ
Q	q	[ke] 께	ㄲ
R	r	[ɛRi] 에히(애히)	ㅎ, ㄹ
S	s	[ɛsi] 에씨(애씨)	ㅆ(ㅅ), ㅈ
T	t	[te] 떼	ㄸ, ㅊ
U	u	[u] 우	우
V	v	[ve] 베	ㅂ
W	w	[dablyu] 다블류	ㅂ
X	x	[ʃis] 쉬스	쉬, ㅈ, ㅆ(ㅅ), ㄱㅆ
Y	y	[ipsilõ] 입실롱	이
Z	z	[ze] 제	ㅈ, ㅅ

*알파벳은 영어의 알파벳과 같은 형태이다.

*k, w, y는 외래어 알파벳으로 고유명사나 약자에만 사용된다.

*각 어휘의 발음은 아래 규칙에 따라 발음하면 된다.

발음
PRONÚNCIA

1 단모음

$$a, \ e, \ i, \ o, \ u$$

📋 기본적으로 다섯 개의 모음 a, e, i, o, u 는 음가 그대로 발음한다.

    a [아]   sala 쌀-라

    e [에]   beleza 벨레-자

    i [이]   ideia 이데-이아

    o [오]   ovo 오-부

    u [우]   uva 우-바

📋 e를 [ɛ], o를 [ɔ]와 같이 열린음으로 발음해야 하는 경우는 [에]와 [어]에 가깝게 발음한다. 하지만 [에]와 [오]로 발음해도 의사소통에 문제는 없다. 따라서 본서의 한글표기는 제2언어 학습의 편의를 위해 [에] 와 [오]로 표기한다.

    e [에]([애])   café 까페- (까패-)

    o [오]([어])   avó 아보- (아버-)

📋 e와 o에 강세가 없는 경우(특히 어말), [이]와 [우]로 발음한다.

    e [이]   nome 노-미

    o [우]   banco 방-꾸

2 이중모음

$$ai, \ ei, \ oi, \ au, \ eu, \ ou, \ ui, \ iu$$

📋 a, e, o는 강모음, i, u는 약모음이라고 한다.

📋 강모음+약모음의 순서로 조음되는 이중모음은 하강 이중모음이라 하고, 분절하지 않는다.

📋 약모음+강모음의 순서로 조음되는 이중모음은 상승 이중모음이라 하고 분절한다.

📋 본서에서는 강모음+약모음 혹은 약모음+약모음의 순서로 쓰일 때만 이중모음이라고 칭한다. 즉, 이중모음은 분절되지 않아 하나의 모음으로 간주하고 강세는 앞 모음에 있다.

    janeiro 쟈네-이루   coisa 꼬-이자

    outro 오-뜨루   muito 무-이뚜

▣ 이중모음처럼 보이는 모음연접이 있는 경우에도 음절 끝이 l, m, n, r, z 등 폐쇄음절이거나 음절 처음이 lh, nh일 때, 그 앞의 i와 u는 약모음이 아니다. 그러므로 이런 경우는 분절하여야 한다.

Ailton 아이-우똥   Coimbra 꼬잉-브라
ainda 아잉-다   juiz 쥬이-스
rainha 하잉-야

▣ 어말 음절이 이중모음이면, 앞모음에 강세를 준다. 동사변화형 어미에도 적용된다.

papai 빠빠-이   demais 지마-이스
depois 지뽀-이스   Manaus 마나-우스
museu 무제-우   azuis 아주-이스
falei 팔레-이   falou 팔로-우
bebeu 베베-우   abriu 아브리-우
serei 쎄레-이

▣ 모음+ i/u +모음의 순서로 조음되면, 이중모음+모음으로 분절한다.

saia 싸-이아   passeio 빠쎄-이우
correio 꼬헤-이우

▣ 모음+ iu, 혹은 모음+ ui 순서로 조음되면, 모음+이중모음으로 분절한다.

saiu 싸이-우   construiu 꽁스뜨루이-우
pauis 빠우-이스

1 단자음

▤ b, f, h, j, k, p, q, v, w, y 는 단 한 가지 음가를 갖는다.

▤ c, d, g, l, m, n, r, s, t, x, z 는 위치에 따라 두 가지 이상의 음가를 갖는다.

▤ 브라질 포르투갈어는 d, t에서 구개음화 현상이 나타난다.

b [ㅂ]	영어의 [b]	bebida 베비-다
c [ㄲ, ㅆ]	ca, co, cu, que, qui는 [까], [꼬], [꾸], [께], [끼]	comida 꼬미-다
	ça, ço, çu, ce, ci는 [싸], [쏘], [쑤], [쎄], [씨]	cinema 씨네-마
d [ㄷ, ㅈ]	da, do, du, de는 [다], [도], [두], [데]	dona 도-나 dedo 데-두
	di는 [지] (철자 de에 강세가 없을 때도 포함)	dia 지-아 tarde 따-르지
f [ㅍ]	영어의 [f]	família 파밀-리아
g [ㄱ, ㅈ]	ga, go, gu, gue, gui는 [가], [고], [구], [게], [기]	gato 가-뚜 cf. gu, qu 다음에 e, i가 오면 u는 묵음.
	ge, gi는 [제], [쥐]	gelo 젤-루
h [묵음]	발음하지 않음.	hotel 오떼-우 cf. ch는 [쉬] 　lh, nh에서 h는 [이] 첨가 발음. 　chuva 슈-바 filha 필-랴 　vinho 빙-유
j [ㅈ]	영어의 [ʒ]	jovem 죠-벵
k [ㄲ]	된소리로 발음.	Kaiser 까-이제르
l [ㄹ, ㅜ]	[ㄹ] 발음.	luta 루-따
	음절 끝의 l 은 반모음화되어 [우] 로 발음.	Brasil 브라지-우
m [ㅁ, ㅇ]	[ㅁ] 발음.	mapa 마-빠
	음절 끝에 올 때는 콧소리(비음)로 발음.	samba 쌍-바
n [ㄴ, ㅇ]	[ㄴ] 발음.	nora 노-라
	음절 끝에 올 때는 콧소리(비음)로 발음.	anjo 앙-쥬
p [ㅃ]	된소리로 발음.	pipoca 삐뽀-까

q [ㄲ]	된소리로 발음.	quatro 꽈-뜨루
r [ㅎ, ㄹ]	음절 앞에 올 때나 rr로 쓸 때는 [ㅎ] 발음.	rio 히-우 honra 옹-하 carro 까-후
	모음과 모음 사이에서는 [ㄹ] 발음.	caro 까-루
s [ㅆ(ㅅ), ㅈ]	음절 앞, 음절 끝에 오거나, ss로 쓸 때는 [ㅆ(ㅅ)] 발음.	saída 싸이-다 escola 이스꼴-라 isso 이-쑤
	모음과 모음 사이에 올 때나 모음과 유성 자음 사이에 올 때는 ㅈ[z] 발음.	casa 까-자 mesmo 메-즈무
t [ㄸ, ㅊ]	ta, to, tu, te는 [따], [또], [뚜], [떼]	todo 또-두 tempo 뗑-뿌
	ti는 [치] (철자 te에 강세가 없을 때도 포함)	time 치-미 noite 노-이치
v [ㅂ]	영어의 [v]	vaca 바-까
w [ㅂ]	영어의 [v]	Wagner 바-기네르
x [쉬, ㅈ, ㅆ(ㅅ), ㄱㅆ]	[쉬] 발음.	xadrez 샤드레스-스 peixe 뻬-이쉬 abacaxi 아바까쉬-
	ㅈ[z] 발음.	exame 이자-미 exemplo 이젱-쁠루 exato 이자-뚜
	ㅆ(ㅅ) 발음.	próximo 쁘로-씨무 excelente 에쎌렝-치 sexta 쎄스따
	ㄱㅆ[ks] 발음.	táxi 딱-씨 sexo 쎅-쑤 fixo 픽-쑤
y [이]	[i]모음으로 발음.	Yara 야-라
z [ㅈ, ㅅ]	모음 앞에 올 때는 ㅈ[z] 발음.	zero 제-루 juíza 쥬이-자
	어미에 올 때는 ㅅ[s] 발음.	feliz 펠리-스

2 이중자음

> **bl, br, cl, cr, dr, fl, fr, gl, gr, pl, pr, tr**

🖅 위의 이중자음은 두 개의 자음을 하나의 자음으로 간주하고 음절분해하지 않으며, 읽을 때 하나의 자음과 같이 읽는다.

braço 브라-쑤, clima 끌리-마, fruta 프루-따

악센트
ACENTO

1 일반적으로 뒤에서 두 번째 음절에 강세.

batata 바따-따, restaurante 헤스따우랑-치, universidade 우니베르씨다-지

2 l, n, r, x, z, i, u, im, om, um, is, us, ins, ons, uns로 끝나는 단어는 마지막 음절에 강세.

Brasil 브라지-우, ator 아또-르, arroz 아호-스, abacaxi 아바까쉬-, bambu 방부-, jardim 쟈르징-, garçom 가르쏭-, comum 꼬뭉-

3 위의 규칙에 해당되지 않는 단어는 단어 자체에 강세 표시.

número 누-메루, açúcar 아쑤-까르, você 보쎄-, coração 꼬라써-웅

안녕 까리나, 잘 지내?
Oi Carina, tudo bem?

DIÁLOGO

🎧 1-1

VOCABULÁRIO

Beto:	Oi Carina, tudo bem?
	오이 까리나 뚜두 벵
Carina:	Tudo bem, e você?
	뚜두 벵 이 보쎄
Beto:	Tudo bom.
	뚜두 봉
Maria:	Bom dia, seu Paulo, como é que vai?
	봉 지아 쎄우 빠울루 꼬무 에 끼 바이
Paulo:	Bem, obrigado, e a senhora?
	벵 오브리가두 이 아 씽요라
Maria:	Bem, obrigada.
	벵 오브리가다

tudo 모든 것

bem 잘

e 그리고

você 너, 당신

bom 좋은

dia 날, 하루

como 어떻게

ir 가다

senhora ~여사, 사모님

Beto: 안녕 까리나, 잘 지내?
Carina: 잘 지내, 너는?
Beto: 잘 지내.

Maria: 안녕하세요, 빠울루님, 어떻게 지내세요?
Paulo: 잘 지내요, 고마워요, 사모님은요?
Maria: 잘 지내죠, 감사해요.

GRAMÁTICA

1 주격인칭대명사

주격인칭대명사는 인칭과 수에 따라 다음의 형태를 따른다.

	단수	복수
1인칭	eu (나)	nós (우리)
3인칭	você (너, 당신) ele (그) ela (그녀) *a gente (우리)	vocês (너희, 당신들) eles (그들) elas (그녀들)

⊘ 상대방을 일컫는 호칭 você를 문법적으로 3인칭 단수 취급한다. 따라서 현재 대화하고 있는 상대방이든 아니면 제3자든 3인칭단수 동사변화형태와 함께 사용한다.

⊘ 포르투갈과 브라질 남부, 북동부 일부지역에서는 tu(너)라는 2인칭 대명사를 사용한다. 그럼에도 불구하고, 브라질 대부분의 지역에서는 você의 활용이 절대적이다.

⊘ 자신보다 연장자인 사람에게 예의를 갖추려면 o senhor(선생님), a senhora(사모님, 여사님)를 쓰면 된다.

✏ TIP

*a gente는 '우리'라는 의미로, 구어체에서 빈번히 사용되며 3인칭단수 취급한다. 그러므로 '우리'를 표현할 때 nós를 사용하면 1인칭복수, a gente를 사용하면 3인칭단수 동사변화형태와 함께 사용해야 한다.

2 성수의 일치

명사는 남성과 여성, 단수와 복수로 구분된다. 명사를 수식하는 형용사는 성수에 맞도록 남성은 남성끼리, 여성은 여성끼리, 단수는 단수끼리, 복수는 복수끼리 일치하도록 한다.

bom dia (아침인사) 안녕하세요

boa tarde (점심인사) 안녕하세요

bom carro 좋은 차

boa casa 좋은 집

*남성명사 dia, carro를 수식할 때는 남성형용사 형태인 bom과 함께 사용.

*여성명사 tarde, casa를 수식할 때는 여성형용사 형태인 boa와 함께 사용.

한편 감사의 표현을 할 때는?

말하는 사람의 성에 따라 다르게 말한다.

⊘ 말하는 사람이 남자이면 Obrigado!

⊘ 말하는 사람이 여자이면 Obrigada!

17

3 평서문

영어처럼 〈주어 + 동사 + 보어/목적어〉 어순이다. 단, 대화 상황에서 주어 없이 동사의 사용만으로도 의미가 명확할 때는 주어의 생략이 가능하다.

Eu sou estudante. 나는 학생이다.
Você é estudante. 너는 학생이다.
Ele é estudante. 그는 학생이다.
Ela é estudante. 그녀는 학생이다.
A gente é estudante. 우리는 학생이다.
Nós somos estudantes. 우리는 학생이다.
Vocês são estudantes. 너희들은 학생이다.
Eles são estudantes. 그들은 학생이다.
Elas são estudantes. 그녀들은 학생이다.

4 부정문

부정문은 동사 앞에 não만 써주면 된다. 즉 〈주어 + não + 동사 + 보어/목적어〉 어순이 된다.

Eu não sou estudante. 나는 학생이 아니다.
Você não é estudante. 너는 학생이 아니다.
Ele não é estudante. 그는 학생이 아니다.
Ela não é estudante. 그녀는 학생이 아니다.
A gente não é estudante. 우리는 학생이 아니다.
Nós não somos estudantes. 우리는 학생이 아니다.
Vocês não são estudantes. 너희들은 학생이 아니다.
Eles não são estudantes. 그들은 학생이 아니다.
Elas não são estudantes. 그녀들은 학생이 아니다.

5 의문문

의문문의 어순은 평서문과 같다. 물음표만 첨가하고 억양을 의문문처럼 올려주면 된다.

Eu sou estudante? 내가 학생이니?
Você é estudante? 너는 학생이니?
Ele é estudante? 그는 학생이니?

Ela é estudante? 그녀는 학생이니?

A gente é estudante? 우리가 학생이니?

Nós somos estudantes? 우리가 학생이니?

Vocês são estudantes? 너희들은 학생이니?

Eles são estudantes? 그들은 학생이니?

Elas são estudantes? 그녀들은 학생이니?

EXPRESSÃO

🎧 1-2

1 만났을 때 쓰는 표현

Bom dia. 안녕하세요(아침인사).

Boa tarde. 안녕하세요(점심인사).

Boa noite. 안녕하세요(저녁인사).

- 아침, 점심, 저녁으로 구분하여 사용하는 공식적인 인사말

Oi! / Olá! 안녕!

- 만났을 때 제일 먼저 던질 수 있는 인사말, 일반적으로 가장 많이 쓰이는 인사말

Tudo bom? / Tudo bem? 잘 지내요?

Tudo (bom). / Tudo (bem). 잘 지내요.

- Tudo로만 답해도 된다.

Como vai? / Como está? 어떻게 지내요?

- como는 '어떻게', vai는 ir 동사, está는 estar동사의 3인칭단수형.

E aí? 어떻게 지내?

- 젊은 층에서 많이 사용하는 인사말로 영어의 What's up?

*원래 mais ou menos는 '대략'의 의미)

*상대방이 남성이면 vindo, 여성이면 vinda

Mais ou menos. 그럭저럭 지내요.

Bem-vindo/a. 어서 와요, 환영해요.

Muito prazer 반가워요.

- (처음 만난 사람들과 나누는 인사말) 영어의 Nice to meet you.

O prazer é meu. / Igualmente. 저도 반갑습니다.

2 헤어질 때 쓰는 표현

Tchau.   안녕.
  - 헤어질 때 사용하는 가장 대중적인 표현.

Adeus.   영원히 안녕.
  - 브라질에서 Adeus는 영원히 헤어지는 상황에서 사용. 포르투갈에서는 Tchau와 동일.

Então tá. 좋아 그럼.
  - 지속하던 대화를 마무리할 때 자주 사용하는 표현으로 영어의 OK, then.

Até logo. / Até já.	좀 있다 봐요.
Até amanhã.	내일 봐요.
Até segunda.	월요일에 봐요.
Até sábado.	토요일에 봐요.
Até mais.	다음에 또 봐요.
Até a próxima.	다음 번에 또 봐요.
Até lá.	거기서 (그때) 봐요..

*전치사 até는 '~에 보자'라는 의미로 사용.

Bom fim de semana.	좋은 주말 보내세요.
Bom final de semana.	
Boa noite.	좋은 밤 되세요.
Boa viagem.	좋은 여행 되세요.
Boas férias.	좋은 휴가 보내세요.

*수식하는 명사의 성에 일치시켜 '좋은'이라는 의미의 형용사 남성형 bom과 여성형 boa를 써서 '좋은 ~되세요'라는 의미로 사용.

3 감사의 표현

Obrigado/a.   고맙습니다.

Muito obrigado/a.   대단히 감사합니다.

De nada. / Não há de quê.   뭘요.
  - 감사하다고 할 때 답해주는 일반적인 표현

Obrigado/a por tudo.   여러 가지로 고맙습니다.
  - 감사의 원인을 나타낼 때 전치사 por를 사용하며, tudo는 '모든 것'의 의미.

Obrigado/a pelo convite.   초대해줘서 고맙습니다.
  - convite는 남성명사로 '초대'의 의미이고, pelo는 전치사 por와 남성정관사 o의 축약형.

Obrigado/a pela ajuda.   도와줘서 고맙습니다.
  - ajuda는 여성명사로 '도움'의 의미이고, pela는 전치사 por와 여성정관사 a의 축약형.

Valeu.   고마워.
  - 젊은 층에서 많이 사용하는 감사의 표현.

*가장 일반적인 감사 표현으로 말하는 사람이 남성이면 Obrigado, 여성이면 Obrigada.

*여기서 muito는 부사로 '매우'의 의미

Agradeço de coração.　　　　　　진심으로 감사합니다.
- '감사하다'는 의미의 agradecer 동사의 1인칭단수형에 '심장(마음)으로부터'란 의미의 de coração을 덧붙인 표현.

Eu é que agradeço.　　　　　　저야 말로 감사드립니다.
- 강조 의미의 é que가 포함되어 '감사할 사람은 바로 나'라는 의미.

4 사과의 표현

*'미안함'을 나타내는 가장 일반적인 표현으로 영어의 I'm sorry.

Desculpe. / Desculpa.　　　　　미안합니다.
Desculpe pela demora.　　　　늦어서 죄송합니다.
- 사과의 원인을 나타낼 때도 전치사 por를 사용하며, pela는 전치사 por와 여성정관사 a의 축약형. demora는 여성명사로 '지각'의 의미.

Sinto muito.　　　　　　　정말 죄송합니다.
- Desculpe 보다 좀 더 강한 의미로 영어의 I'm really sorry.

Não foi nada.　　　　　　괜찮아요.
Não faz mal.
Não tem importância.
- 미안하다고 할 때 답해주는 일반적인 표현들.

Perdão.　　　　　　　　용서하세요.
- 용서를 구하는 표현으로 영어의 I beg your pardon.

Foi minha culpa.　　　　　제가 잘못했어요.
- 자신의 잘못을 시인하는 표현.

*Tudo bem은 인사말 외에도 '괜찮다'는 의미로도 사용.

Tudo bem com você?　　　　당신 괜찮아요?
Tudo bem.　　　　　　　괜찮아.

APLICAÇÃO

🎧 1-3

Situação **1** – 오랜만에 만난 사람과 인사할 때

A: Nossa, há quanto tempo.

B: É mesmo, faz um tempão.

> A: 와, 오랜만이야.
>
> B: 정말, 진짜 오랜만이네.

Situação **2** – 오래 떨어져 있던 사람을 만났을 때

A: Não acredito, você por aqui?

B: É, voltei ontem à noite.

> A: 믿을 수가 없네, 네가 여기 있다니.
>
> B: 응 어제 밤에 돌아왔어.

Situação **3** – 모임에서 아는 사람을 나중에 발견했을 때

A: Desculpa, não tinha te visto.

B: Não foi nada.

> A: 미안, 아까 널 못 봤네.
>
> B: 괜찮아.

PRÁTICA ORAL

● 다음과 같이 문맥에 맞게 포르투갈어를 넣어 말해보세요.

A: Oi Jorge, tudo bem? 안녕 조르지, 잘 지내?
B: Tudo bem, e você? 잘 지내. 너는?

---

1 A: Boa tarde, seu Rafael, como vai?

   B: _____?

2 A: Muito prazer.

   B: _____?

3 A: Obrigado pela ajuda.

   B: _____?

4 A: Desculpe pela demora.

   B: _____?

5 A: Sinto muito.

   B: _____?

EXERCÍCIO

1 다음을 포르투갈어로 말해보세요.

1 A: 안녕, 호나우두, 잘 지내? _____

B: 잘 지내, 너는? _____

A: 잘 지내. _____

2 A: 안녕하세요(저녁인사), 마리아 여사님, 어떻게 지내세요?

_____

B: 잘 지내요, 고마워요, 뻬드루님은요? _____

A: 잘 지내죠, 감사해요. _____

2 다음 빈칸에 알맞은 포르투갈어를 넣어 말해보세요.

1 안녕, 다음 번에 또 만나요.

_____, Até _____

2 좋은 주말 보내세요.

Bom _____ de _____

3 좋은 밤 되세요. / 내일 만나요.

Boa _____ / Até _____

4 대단히 감사합니다. / 뭘요.

Muito _____ / De _____

5 미안해요. / 괜찮아요.

_____ / Não _____

02

저는 한국사람예요.

Eu sou coreano.

DIÁLOGO

🎧 2-1

VOCABULÁRIO

qual 어떤 (것)

seu 당신의, 당신의 것

meu 나의, 나의 것

nome 이름

de ~의, ~로부터

onde 어디

coreano/a 한국인

muito 많은, 매우

prazer 기쁨

ser ~이다

Carina: Qual é o seu nome?
꽈우 에 우 쎄우 노미

Beto: Meu nome é Beto. E o seu?
메우 노미 에 베뚜 이 우 쎄우

Carina: É Carina. De onde você é?
에 까리나 지 옹지 보쎄 에

Beto: Sou de Seul. Eu sou coreano.
쏘 지 쎄우우 에우 쏘 꼬레아누

Carina: Ah é? Muito prazer.
아 에 무이뚜 쁘라제르

Beto: O prazer é meu.
우 쁘라제르 에 메우

Carina: 이름이 뭐에요?

Beto: 내 이름은 베뚜에요. 당신은요?

Carina: 까리나에요. 어디서 왔어요?.

Beto: 서울에서요. 한국사람이에요.

Carina: 아 그래요? 반가워요.

Beto: 나도 반가워요.

GRAMÁTICA

1 ser 동사-현재 시제 변화형

	단수	복수
1인칭	sou	somos
3인칭	é	são

용법: 변하지 않는 속성을 나타내며, 보통 '～이다'로 해석된다.

1) **국적:** Eu sou coreano. 나는 한국인이다.
2) **직업:** Ele é médico. 그는 의사이다.
3) **신분:** Ela é solteira. 그녀는 미혼이다.
4) **신체적 특성:** Eu sou alto. 나는 키가 크다.
5) **정신적 특성:** Eles são felizes. 그들은 행복한 사람들이다.
6) **움직일 수 없는 것:** Onde é o banco? 은행이 어디입니까?
7) **절대적인 시간:** São 8 horas da noite. 저녁 8시이다.

2 estar 동사-현재 시제 변화형

	단수	복수
1인칭	estou	estamos
3인칭	está	estão

용법: 변할 수 있는 상태를 나타내며, '～있다'로 해석된다.

1) **신체적 상태:** Eu estou doente. 나는 아프다
2) **정신적 상태:** Você está ocupado? 넌 오늘 바쁘니?
3) **움직일 수 있는 것:** Onde está a Maria? 마리아는 어디 있어요?
4) **상대적인 시간:** Está tarde para sair. 나가기엔 늦었다.

3 ser de 용법

ser + de (전치사) + 사람, 사물, 장소를 사용하는 표현은 소유, 재료, 출신을 의미한다.

1) 소유: Este livro é do André. 이 책은 앙드레 것이다.

2) 재료: A mesa é de madeira. 책상은 나무로 만들어졌다.

3) 출신: Eu sou de São Paulo. 나는 상파울루 출신이다.

4 '-어, -의, -인'의 형태

1) -ês 형태 (여성형은 -esa)

português	포르투갈어, 포르투갈의, 포르투갈인
japonês	일어, 일본의, 일본인
chinês	중국어, 중국의, 중국인
inglês	영어, 영국의, 영국인
francês	프랑스어, 프랑스의, 프랑스인
holandês	네덜란드어, 네덜란드의, 네덜란드인

2) -no 형태 (여성형은 -na)

coreano	한국어, 한국의, 한국인
americano	미국의, 미국인
italiano	이탈리아어, 이탈리아의, 이탈리아인
mexicano	멕시코의, 멕시코인
argentino	아르헨티나의, 아르헨티나인

3) -o 형태 (여성형은 -a)

brasileiro	브라질의, 브라질인
russo	러시아어, 러시아의, 러시아인
grego	그리스어, 그리스의, 그리스인
suíço	스위스의, 스위스인
turco	터키어, 터키의, 터키인

4) 기타

alemão	독일어, 독일의, 독일인 (여성형은 alemã)
espanhol	스페인어, 스페인의, 스페인인 (여성형은 espanhola)
canadense	캐나다의, 캐나다인

5 도시명, 국가명 사용시 주의점

1) 대다수 도시명 앞에는 관사가 쓰이지 않는다.

Eu sou de Lisboa.	나는 리스본 출신이다.
Eu sou de Curitiba.	나는 꾸리치바 출신이다.
Eu sou de Porto Alegre.	나는 뽀르뚜알레그리 출신이다.
(예외) Eu sou do Rio de Janeiro.	나는 리우데자네이루 출신이다.

2) 대다수 국가명 앞에는 남성 혹은 여성 정관사가 쓰인다.

Eu sou da Coreia.	나는 한국 출신이다.
Eu sou do Brasil.	나는 브라질 출신이다.
Eu sou dos Estados Unidos.	나는 미국 출신이다.
(예외) Eu sou de Portugal.	나는 포르투갈 출신이다

EXPRESSÃO

● 출신지 묻고 말할 때 쓰는 표현

De onde você é? Eu sou do .... 어디 출신이에요? .... 출신입니다.

Brasil	브라질
Canadá	캐나다
Japão	일본
México	멕시코
Chile	칠레
Peru	페루
Paraguai	파라과이
Uruguai	우루과이

De onde você é? Eu sou da .... 어디 출신이에요? .... 출신입니다.

Coreia	한국
China	중국
Inglaterra	영국
Espanha	스페인
Alemanha	독일
França	프랑스
Itália	이탈리아
Rússia	러시아
Suíça	스위스
Argentina	아르헨티나

De onde você veio? Eu vim de .... 어디에서 왔어요? .... 에서 왔습니다.

Portugal	포르투갈
Angola	앙골라
Moçambique	모잠비크

APLICAÇÃO

🎧 2-3

Situação ❶ – 이름, 별명 묻고 답하기

Como é seu nome?	이름이 어떻게 되니?
Meu apelido é gordinho.	내 별명은 뚱보야.
Pode me chamar de Bela.	나를 벨라라고 불러도 돼.

Situação ❷ – 국적과 출신 묻고 답하기

A minha nacionalidade é coreana.	나의 국적은 한국이에요.
Você é paulista?	넌 상파울루 사람이니?
Eu sou carioca.	난 리우데자네이루 사람이야.
Ele é gaúcho.	그는 히우그란지두술 사람이야.
Eu não sou daqui.	난 이곳 사람이 아니야.

Situação ❸ – 신상을 묻고 답하기

Você é casado?	넌 결혼했니?
Eu sou recém-casado.	난 신혼이야.
Ele é solteirão e ela é solteirona.	그는 노총각이고 그녀는 노처녀야.
Eles são divorciados.	그들은 돌싱이야.
Nós somos católicos.	우리는 가톨릭신자에요.

PRÁTICA ORAL

1 다음 어휘를 ser 동사 변화형에 맞추어 포르투갈어로 말해보세요.

---

bonito/a 예쁜, feio/a 못생긴, alto/a 키 큰, baixo/a 키 작은
gordo/a 뚱뚱한, magro/a 마른, inteligente 똑똑한, simpático/a 상냥한

Eu sou ....   Você é ....?

Ele é ....   Ela é ....

A gente é ....   Nós somos ....

Vocês são ....,..........?   Eles são ....

Elas são ....

2 다음 어휘를 estar 동사 변화형에 맞추어 포르투갈어로 말해보세요.

---

livre 한가한, ocupado/a 바쁜, doente 아픈, triste 슬픈, bonito/a hoje 오늘 예쁜
cansado/a 피곤한, sentado/a 앉아있는, em casa 집에, no banheiro 화장실에

Eu estou ....   Você está ....?

Ele está ....   Ela está ....

A gente está ....   Nós estamos ....

Vocês estão ....?   Eles estão ....

Elas estão ....

EXERCÍCIO

1 다음을 포르투갈어로 말해보세요.

1 A: 네 이름이 뭐니? _____

B: 내 이름은 엘레나야. _____

A: 반가워. _____

B: 나도 반가워. _____

2 A: 넌 어디서 왔니? _____

B: 난 한국에서 왔어. _____

2 다음 빈칸에 알맞은 포르투갈어를 넣어 말해보세요.

1 나는 한국사람이야. Eu sou _____

2 그녀는 스페인사람이야. Ela é _____

3 너는 결혼했니? Você é _____

4 나는 미혼이야. Eu sou _____

5 나는 이곳 사람이 아니야. Eu não sou _____

LIÇÃO 03

가족

나는 아내하고 아들과 같이 살아요.

Eu moro com minha esposa e meu filho.

DIÁLOGO

🎧 3-1

VOCABULÁRIO

onde 어디

morar 거주하다

bairro 구(區)

aquele/a 바로 그

chique 멋진

sozinho/a 혼자

com ~와 함께

meu / minha 나의

esposa 아내

filho 아들

quem 누구

Carina: Onde você mora?
옹지 보쎄 모라

Beto: Eu moro no bairro Bela Vista.
에우 모루 누 바이후 벨라비스따

Carina: Aquele bairro chique? Você mora sozinho?
아껠리 바이후 쉬끼 보쎄 모라 쏘징유

Beto: Não. Eu moro com minha esposa e meu filho.
너웅 에우 모루 꽁 밍야 이스뽀자 이 메우 필류

Carina: Quem é ele?
깽 에 엘리

Beto: Ele é meu filho. O nome dele é Juca.
엘리 에 메우 필류 우 노미 델리 에 주까

Carina: 어디 살아요?

Beto: 나는 벨라비스따에 살아요.

Carina: 그 멋진 동네? 혼자 살아요?

Beto: 아니요. 아내하고 아들과 같이 살아요.

Carina: 얘는 누구예요?

Beto: 내 아들입니다. 이름은 주까예요.

33

GRAMÁTICA

1 동사-직설법 현재 규칙변화

	-ar 동사	-er 동사	-ir 동사
1인칭 단수	-o	-o	-o
3인칭 단수	-a	-e	-e
1인칭 복수	-amos	-emos	-imos
3인칭 복수	-am	-em	-em

용법: 현재의 사실, 상태, 묘사

1) morar 살다

Eu moro em São Paulo. 나는 상파울루에 산다.

Você mora em São Paulo? 너는 상파울루에 사니?

Ele / Ela / A gente mora em São Paulo. 그는/그녀는/우리는 상파울루에 산다.

Nós moramos em São Paulo. 우리는 상파울루에 산다.

Vocês moram em São Paulo? 너희들은 상파울루에 사니?

Eles / Elas moram em São Paulo. 그들은/그녀들은 상파울루에 산다.

2) comer 먹다

Eu como muito. 나는 많이 먹는다.

Você come muito? 너는 많이 먹니?

Ele / Ela / A gente come muito. 그는/그녀는/우리는 많이 먹는다.

Nós comemos muito. 우리는 많이 먹는다.

Vocês comem muito? 너희들은 많이 먹니?

Eles / Elas comem muito. 그들은/그녀들은 많이 먹는다.

3) abrir 열다

Eu abro a janela. 나는 창문을 연다.

Você abre a janela? 너는 창문을 여니?

Ele / Ela / A gente abre a janela. 그는/그녀는/우리는 창문을 연다.

Nós abrimos a janela. 우리는 창문을 연다.

Vocês abrem a janela? 너희들은 창문을 여니?

Eles / Elas abrem a janela. 그들은/그녀들은 창문을 연다.

2 소유사

	단수	복수
1인칭 (남성/여성)	meu / minha	nosso / nossa
2인칭 (남성/여성)	teu / tua	-
3인칭 (남성/여성)	seu / sua	seu / sua

⊘ 소유사는 명사의 성수에 일치시켜서 써야 한다.

남성명사 carro의 경우: meu carro 나의 차, meus carros 나의 차들

여성명사 casa의 경우: minha casa 나의 집, minhas casas 나의 집들

⊘ 한편, 3인칭 소유격 seu, sua의 경우, 문법적으로 você에 대한 소유격 '당신의'와 ele, ela에 대한 소유격 '그의', '그녀의'가 모두 가능하다. 혼동을 피하기 위해 실제 회화에서 seu는 você에 대한 소유격의 의미로서 주로 사용된다. 따라서 ele, ela에 대한 소유격으로는 명사 뒤에서 dele, dela 형태가 쓰이며, 이 때는 명사 앞에 정관사를 필수적으로 사용해야 한다.

seu carro 당신의 차   o carro de vocês 당신들의 차

sua casa 당신의 집   a casa de vocês 당신들의 집

o carro dele 그의 차   o carro deles 그들의 차

a casa dele 그의 집   a casa deles 그들의 집

o carro dela 그녀의 차   o carro delas 그녀들의 차

a casa dela 그녀의 집   a casa delas 그녀들의 집

3 지시사

지시대명사 겸 형용사 (남성/여성)	중성지시대명사	지시부사
este / esta (이, 이것, 이 사람)	isto (이것)	aqui (여기)
esse / essa (그, 그것, 그 사람)	isso (그것, 이것)	aí (거기)
aquele / aquela (저, 저것, 저 사람)	aquilo (저것,)	ali (저기) / lá (저~기)

⊘ 지시사도 명사의 성수에 일치하여 써야 한다. 한편 중성지시대명사는 성수에 변화하지 않는다. 지시사 개념과 관련하여 지시부사도 알아 둔다.

Esta casa aqui é minha. 여기 이 집은 나의 것이다.

Esse carro aí é meu. 거기 그 차는 나의 것이다.

Aquele restaurante ali é meu. 저기 저 레스토랑은 나의 것이다.

⊘ 브라질 포어에서는 este / esta와 esse / essa, isto와 isso간의 구분이 사라져 esse / essa와 isso가 '이~, 이것, 이 사람'의 의미로 자주 사용된다.

Esse carro é meu. 이 차는 나의 것이다.

Esse é meu carro. 이것이 내 차다.

Esse é meu amigo Paulo. 이 사람은 내 친구 빠울루야.

⊘ aquele / aquela는 지시 의미 외에, 문맥상 나와 상대방이 서로 알고 있는 '바로 그 ~, 그것, 그 사람'의 의미로도 사용된다.

Aquele restaurante é meu. 바로 그 레스토랑이 나의 것이다.

4 전치사 + 정관사 축약형

	o	a	os	as
a	ao	à	aos	às
de	do	da	dos	das
em	no	na	nos	nas
por	pelo	pela	pelos	pelas

⊘ 전치사 a, de, em, por와 정관사 o, a, os, as가 결합될 때는 이러한 축약형을 사용한다.

O filme começa às 9 horas. 영화는 9시에 시작한다.

O Paulo é do Brasil. 빠울루는 브라질 출신이다.

Meu filho está na escola. 나의 아들은 학교에 있다.

O ônibus passa pela Avenida Paulista. 버스가 빠울리스따 대로를 지나간다.

5 전치사 + 지시사 축약형

전치사 + 지시사의 축약형 경우도 다음과 같이 축약된다.

de + 지시사	deste, desta, disto, desse, dessa, disso, daquele, daquela, daquilo
em + 지시사	neste, nesta, nisto, nesse, nessa, nisso, naquele, naquela, naquilo
a + 지시사	àquele, àquela, àquilo

Eu gosto deste filme. 나는 이 영화를 좋아한다.

Eu estou pensando naquela proposta. 나는 그 제안을 생각하고 있다.

EXPRESSÃO

● **가족관계 묻고 말할 때 쓰는 표현** ●

Quem é ele? Ele é meu _____	그는 누구예요? 그는 나의 _____ 입니다.
pai	아버지
avô	할아버지
marido	남편
filho	아들
irmão	형, 오빠, 남동생
tio	삼촌, 고모부, 이모부
primo	남자사촌
sobrinho	남자조카
neto	손자
sogro	시아버지, 장인
genro	사위
cunhado	처남, 매형, 매제, 형부, 제부

Quem é ela? Ela é minha _____	그녀는 누구예요? 그녀는 나의 _____ 입니다.
mãe	어머니
avó	할머니
esposa	아내
filha	딸
irmã	누나, 언니, 여동생
tia	숙모, 고모, 이모
prima	여자사촌
sobrinha	여자조카
neta	손녀
sogra	시어머니, 장모
nora	며느리
cunhada	형수, 제수, 처형, 처제, 올케, 시누이

Quem são eles? Eles são meus _____	그들은 누구예요? 그들은 나의 _____ 입니다
pais	부모님
avós	조부모님
filhos	자식들

APLICAÇÃO

🎧 3-3

Você mora com seus pais?　　　　　너는 부모님과 함께 사니?

Você tem filhos?　　　　　　　　너는 자녀가 있니?

A gente tem um casal de filhos.　　　우리는 남매가 있어.

Quantos irmãos você tem?　　　　　형제가 몇 명 있니?

Eu tenho dois irmãos e uma irmã.　　나는 오빠 둘하고 언니 한 명 있어.

Eu sou caçula.　　　　　　　　　나는 막내야.

Eu sou filho único / filha única.　　나는 외동아들 / 외동딸 이야.

Minha esposa é muito bonita, inteligente e simpática.

나의 아내는 아주 예쁘고 똑똑하고
상냥하다.

Meu filho é uma gracinha.　　　　　내 아들은 정말 예쁘다.

Você tem namorado / namorada?　　너는 남친 / 여친 있니?

Qual é o nome da namorada do Lucas?　루까스 여친 이름이 뭐지?

Espera um pouco. Tá na ponta da língua.　잠깐만. 생각날 거 같은데.

PRÁTICA ORAL

● 다음 구문을 gostar de 동사/명사/정관사/지시사/대명사 패턴에 맞추어
포르투갈어로 말해보세요.

동사: andar de bicicleta 자전거 타다
명사: cerveja 맥주
정관사: a casa da Diana 지아나의 집
지시사: esta casa aqui 여기 이 집
대명사: Meu carro é novo. → ele 내 차는 새 것이다. → 그것

| 활용예문 |

Eu gosto de andar de bicicleta. 나는 자전거 타는 것을 좋아한다.

Eu gosto de cerveja. 나는 맥주를 좋아한다.

Eu gosto da casa da Diana. 나는 지아나의 집을 좋아한다.

Eu gosto desta casa aqui. 나는 여기 이 집을 좋아한다.

Meu carro é novo. Eu gosto dele. 내 차는 새 것이다. 나는 그것을 좋아한다.

Você gosta de _____?

Ele/Ela/A gente gosta de _____

Nós gostamos de _____

Vocês gostam de _____?

Eles/Elas gostam de _____

EXERCÍCIO

1 다음을 포르투갈어로 말해보세요.

1 A: 어디에 사니?

_____

B: 나는 서울에 살아.

_____

2 A: 너 애들 있어?

_____

B: 딸 하나 있어.

_____

2 다음 빈칸에 알맞은 포르투갈어를 넣어 말해보세요.

1 나는 아내와 살아.   Eu moro _____

2 너는 혼자 사니?   Você mora _____?

3 이 사람은 내 처남이야.   Esse é _____

4 그녀는 내 사촌 여동생이야.   Ela é _____

5 나는 내 남편을 좋아해.   Eu gosto _____

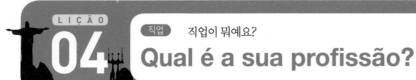

LIÇÃO 04

직업 직업이 뭐예요?

Qual é a sua profissão?

DIÁLOGO

🎧 4-1

Carina: O que é que você faz?
우끼 에 끼 보쎄 파스

Beto: Eu sou funcionário público.
에우 쏘 풍씨오나리우 뿌블리꾸

Carina: Onde é que você trabalha?
옹지 에 끼 보쎄 뜨라발랴

Beto: Eu trabalho no Ministério das Relações Exteriores.
에우 뜨라발류 누 미니스떼리우 다스 헬라쏭이스 이스페리오리스

Carina: Ah é? Quantos anos você tem?
아 에 꽝뚜스 아누스 보쎄 뗑

Beto: Eu tenho 30 anos. Qual é a sua profissão?
에우 뗑유 뜨링따 아누스 꾸아우 에 아 쑤아 쁘로피써웅

Carina: Eu sou estudante universitária.
에우 쏘 이스뚜당치 우니베르씨따리아

Carina: 무슨 일 하세요?
Beto: 나는 공무원이에요.
Carina: 어디에서 일하는데요?
Beto: 외교부에서 일해요.
Carina: 아 그래요? 몇 살이에요?
Beto: 서른 살이에요. 직업이 뭐예요?
Carina: 대학생이에요.

VOCABULÁRIO

o que 무엇

fazer 하다

funcionário/a público/a 공무원

trabalhar 일하다

ministério 내각, 부(部)

relações exteriores 외교

quantos/as 얼만큼

ano 년(年)

ter 가지다

profissão 직업

estudante 학생

universitário/a 대학교의

GRAMÁTICA

1 동사-직설법 현재 불규칙변화

	ser	estar	ter	ir	vir	querer	poder
1인칭단수	sou	estou	tenho	vou	venho	quero	posso
3인칭단수	é	está	tem	vai	vem	quer	pode
1인칭복수	somos	estamos	temos	vamos	vimos	queremos	podemos
3인칭복수	são	estão	têm	vão	vêm	querem	podem

1) ser 이다

Eu sou médico. 나는 의사다.

Você é advogado? 너는 변호사니?

2) estar 있다, 상태표현

Eu estou livre. 나는 한가하다.

Você está ocupado? 너는 바쁘니?

3) ter 가지고 있다. ～가 있다

Eu tenho um carro. 나는 차를 한대 가지고 있다.

Você tem dinheiro? 너는 돈 있어?

4) ir 가다, ～할 것이다

Eu vou ao Brasil. 나는 브라질에 간다.

Você vai viajar comigo? 너는 나와 함께 여행 갈래?

5) vir 오다

Eu venho aqui de metrô. 나는 지하철로 여기 온다.

Você vem aqui todo dia? 너는 매일 여기 오니?

6) querer ～하고 싶다

Eu quero tomar uma cerveja. 나는 맥주 한잔 마시고 싶다.

Você quer ficar em casa? 너는 집에 있고 싶어?

7) poder ～할 수 있다, ～해도 된다

Eu posso trabalhar agora. 나는 지금 일할 수 있다.

Você pode descansar. 너는 쉬어도 된다.

	fazer	trazer	dizer	saber	dar	ver	ler
1인칭단수	faço	trago	digo	sei	dou	vejo	leio
3인칭단수	faz	traz	diz	sabe	dá	vê	lê
1인칭복수	fazemos	trazemos	dizemos	sabemos	damos	vemos	lemos
3인칭복수	fazem	trazem	dizem	sabem	dão	veem	leem

8) fazer ～하다, 만들다

Eu faço compras aos domingos. 나는 일요일마다 쇼핑을 한다.

Você faz comida para sua família? 너는 네 가족에게 음식을 해주니?

9) trazer 가져오다, 데려오다

Eu sempre trago o livro de português. 나는 항상 포어책을 가져온다.

Você traz seu filho aqui? 너는 여기 네 아들을 데려오니?

10) dizer 말하다

Eu sempre digo a verdade. 나는 항상 진실을 말한다.

Você não diz nada? 너는 아무 말도 하지 않니?

11) saber (개념, 정보, 기술) 알다

Eu sei falar espanhol. 나는 스페인어를 할 줄 안다.

Você sabe jogar boliche? 너는 볼링 칠 줄 아니?

12) dar 주다

Eu dou presentes para minha esposa. 나는 나의 아내에게 선물을 준다.

Você dá aula de português? 너는 포어 강의를 하니?

13) ver 보다

Eu sempre vejo a Maria na praia. 나는 항상 해변에서 마리아를 본다.

Você vê seus amigos aos sábados? 너는 토요일마다 네 친구들을 보니?

14) ler 읽다

Eu leio o jornal de manhã. 나는 아침에 신문을 읽는다.

Você não lê a seção de esportes? 너는 스포츠면을 읽지 않니?

	subir	ouvir	pedir	perder	dormir	preferir	pôr
1인칭단수	subo	ouço	peço	perco	durmo	prefiro	ponho
3인칭단수	sobe	ouve	pede	perde	dorme	prefere	põe
1인칭복수	subimos	ouvimos	pedimos	perdemos	dormimos	preferimos	pomos
3인칭복수	sobem	ouvem	pedem	perdem	dormem	preferem	põem

15) subir 오르다

Eu subo escadas para emagrecer. 나는 살을 빼려고 계단을 오른다.

Você sobe a montanha? 너는 산에 올라가니?

16) ouvir 듣다

Eu ouço rádio às vezes. 나는 가끔 라디오를 듣는다.

Você ouve música antes de dormir? 너는 자기 전에 음악을 듣니?

17) pedir 요청하다, 주문하다

Eu sempre peço sorvete de sobremesa. 나는 항상 후식으로 아이스크림을 주문한다.

Você sempre pede o prato do dia? 너는 항상 오늘의 요리를 시키니?

18) perder 잃어버리다

Eu perco o interesse muito rápido. 나는 아주 빠르게 흥미를 잃는다.

Você sempre perde o celular. 너는 항상 휴대폰을 잃어버린다.

19) dormir 자다

Eu durmo cedo. 나는 일찍 잔다.

Você dorme bem no verão? 너는 여름에 잘 자니?

20) preferir 선호하다

Eu prefiro café a chá. 나는 차 보다 커피를 선호한다.

O que você prefere? Café ou chá? 무엇을 선호하세요? 커피 아니면 차?

21) pôr 놓다, 넣다

Eu ponho açúcar no café. 나는 커피에 설탕을 넣는다.

Você põe paletó para trabalhar? 당신은 일하기 위해 슈트자켓을 입나요?

2 의문사

의문사는 육하원칙에 근거하여 영어와 비교하여 이해하도록 한다.

누가	Quem	Who
언제	Quando	When
어디서	Onde	Where
무엇, 어느	O que, Qual	What, Which
어떻게	Como	How
왜	Por que	Why
얼마나(양)	Quanto/a	How much
얼마만큼(수)	Quantos/as	How many

Quem é o seu marido? 누가 당신의 남편인가요?

Quando é a festa? 파티가 언제 인가요?

Onde você mora? 당신은 어디 살아요?

O que você faz mesmo? 당신은 진짜 무슨 일을 하나요?

Como você vai ao cinema? 너는 영화관에 어떻게 가니?

Por que você está tão ocupado? 너는 왜 그렇게 바빠?

Quanto é a entrada? 입장권이 얼마에요?

Quantas pessoas estão na sala de aula? 교실에 몇 명이 있나요?

⊘ 구어체에서는 의문사 다음에 é que를 넣어 많이 사용한다.

    Onde é que você mora?   O que é que você faz mesmo?

3 Qual의 활용

선택적인 상황에서 쓰는 Qual는 이름, 전화번호, 메일, 주소, 직업, 국적, 나이 등의 신상명세를 파악하는 질문에 사용한다.

Qual é o seu nome? 이름이 뭐예요?

Qual é o seu número de celular? 휴대폰번호가 뭐예요?

Qual é o seu endereço? 주소가 어떻게 되나요?

Qual é a sua profissão? 직업이 뭐예요?

Qual é a sua nacionalidade? 국적이 어떻게 되나요?

Qual é a sua idade? 나이가 어떻게 되나요?

EXPRESSÃO

● **직업을 묻고 말할 때 쓰는 표현**

Onde é que você trabalha?	어디서 일하세요?
O que é que você faz?	무슨 일 하세요?
Qual é a sua profissão?	직업이 뭐예요?

Eu sou _____	나는 _____ 이다.
estudante	학생
jornalista	기자
motorista	운전기사
dentista	치과의사
professor(a)	교수, 교사
cantor(a)	가수
pintor(a)	화가
promotor(a), procurador(a)	검사
advogado/a	변호사
médico/a	의사
enfermeiro/a	간호사
farmacêutico/a	약사
funcionário/a	회사원
funcionário/a público/a	공무원
secretário/a	비서
bancário/a	은행원
soldado/a	군인
engenheiro/a	엔지니어
cozinheiro/a	요리사
comissário/a de bordo	비행기승무원
aeromoço/a	비행기승무원
cabeleireiro/a	미용사
faxineiro/a	파출부
juiz/juíza	판사
ator/atriz	배우
garçom/garçonete	식당종업원
dona de casa	주부
babá	베이비시터

APLICAÇÃO

🎧 4-3

Meu número de celular é 010 2468 3579.   내 휴대폰번호는 010 2468 3579이다.

Meu e-mail é bela0513@naver.com.   내 메일은 bela0513@naver.com이다.

Meu endereço é Rua Oliveira 123 apto 401.

내 주소는 Oliveira로 123번지, 401호이다.

Eu não trabalho, agora só estudo.   나는 일하지 않고 지금은 공부만 해요.

Eu estou trabalhando como estagiário/a.   나는 인턴으로 일하고 있어요.

Eu trabalho de sol a sol.   나는 일찍부터 늦게까지 일한다.

Qual é o seu salário atual?   현재 당신의 임금이 얼마예요?

Eu gosto de trabalhar na minha companhia.

나는 내 회사에서 일하는 걸 좋아한다.

Temos filiais em Manaus.   우리는 마나우스에 지사를 가지고 있다.

Você foi demitido?   너는 해고 되었니?

Eu estou desempregado.   나는 실직했어.

Meu pai está aposentado.   내 아버지는 정년퇴직 하셨어.

PRÁTICA ORAL

1 다음 구문을 ter 동사 변화형에 맞추어 포르투갈어로 말해보세요.

---

ter ~ anos ~살 이다 / ter tempo 시간이 있다

ter muitos amigos 친구가 많다 / ter sorte 운이 좋다

ter muito dinheiro 돈이 많다 / ter cartão de crédito 신용카드를 가지고 있다

| 활용예문 |

Eu tenho 20 anos.

Eu tenho tempo.

Eu tenho muitos amigos.

Eu tenho sorte.

Eu tenho muito dinheiro.

Eu tenho cartão de crédito.

Você tem _____?

Ele/Ela/A gente tem _____

Nós temos _____

Vocês têm _____?

Eles/Elas têm _____

2 다음 어휘로 Tem ~ (~가 있다) 구문을 연습해 보세요.

---

muitos amigos japoneses / muitas praias lindas / muitos turistas

---

Tem _____ no Brasil.

Tem _____ no Rio de Janeiro.

EXERCÍCIO

1 다음을 포르투갈어로 말해보세요.

1   A: 어디에서 일하세요?   _____

      B: 나는 은행에서 일해요.   _____

2   A: 무슨 일 하세요?   _____

      B: 나는 공무원이에요.   _____

2 다음 빈칸에 알맞은 포르투갈어를 넣어 말해보세요.

1   몇 살 이니?

     Quantos _____ você _____ ?

2   이메일이 뭐예요?

     _____ é _____ e-mail?

3   나는 친구가 많다.

     Eu _____ _____ amigos.

4   나는 변호사이고 아내는 의사다.

     Eu sou _____ e minha _____ é _____

5   내 남편은 삼성 직원이다.

     Meu _____ é _____ da Samsung.

DIÁLOGO

🎧 5-1

Carina: Que dia é hoje?
끼 지아 에 오쥐

Beto: É dia 28 de agosto, sexta-feira.
에 지아 빙치이오이뚜 지 아고스뚜 쎄스따 페이라

Carina: Que tal tomar uma cerveja hoje à noite?
끼 따우 또마르 우마 쎄르베쟈 오쥐 아 노이치

Beto: Boa ideia! Que horas são agora?
보아 이데이아 끼 오라스 써웅 아고라

Carina: São seis e meia. Já estou com fome.
써웅 쎄이스 이 메이아 쟈 이스또 꽁 포미

Beto: Eu também estou morrendo de fome.
에우 땅벵 이스또 모헹두 지 포미

Carina: 오늘 며칠이지?

Beto: 8월 28일, 금요일이지

Carina: 오늘 밤에 맥주 한잔 하는 게 어때?

Beto: 좋은 생각이야! 지금 몇 시지?

Carina: 6시 반이야. 난 벌써 배고파.

Beto: 나도 배고파 죽겠어.

GRAMÁTICA

1 숫자-기수와 서수

1) 기수

o	zero	30	trinta
1	um/uma	40	quarenta
2	dois/duas	50	cinquenta
3	três	60	sessenta
4	quatro	70	setenta
5	cinco	80	oitenta
6	seis	90	noventa
7	sete	100	cem
8	oito	101	cento e um/uma
9	nove	102	cento e dois/duas
10	dez	200	duzentos/as
11	onze	300	trezentos/as
12	doze	400	quatrocentos/as
13	treze	500	quinhentos/as
14	quatorze(catorze)	600	seiscentos/as
15	quinze	700	setecentos/as
16	dezesseis	800	oitocentos/as
17	dezessete	900	novecentos/as
18	dezoito	1,000	mil
19	dezenove	10,000	dez mil
20	vinte	100,000	cem mil
21	vinte e um/uma	1,000,000	um milhão

*1과 2, 200~900의 백 단위는 남성과 여성 구분이 있음에 유의해야 한다.

*읽을 때 천의 자리와 백의 자리 사이는 e를 빼고 읽는다.
  1988 - mil novecentos e oitenta e oito

*하지만 십의 자리와 단자리가 00 인 경우와 백의 자리가 0인 경우에는 e를 넣어 읽는다.
  1500 - mil e quinhentos
  2018 - dois mil e dezoito

2) 서수

1°, 1ª	primeiro/a	7°, 7ª	sétimo/a
2°, 2ª	segundo/a	8°, 8ª	oitavo/a
3°, 3ª	terceiro/a	9°, 9ª	nono/a
4°, 4ª	quarto/a	10°, 10ª	décimo/a
5°, 5ª	quinto/a	11°, 11ª	décimo/a primeiro/a
6°, 6ª	sexto/a	20°, 20ª	vigésimo/a

② 시간 말하기

A시 B분이다	São(É) A e B.
A시 B분전이다	São(É) B para a(s) A.

É uma e vinte. 1시 20분
São duas e quinze. 2시 15분
São cinco para a uma. 1시 5분전
São nove da manhã. 오전 9시

É meio-dia e meia. 낮 12시 반
São três em ponto. 3시 정각
São dez para as duas. 2시 10분전
São nove da noite. 저녁 9시

⊘ 숫자 1과 2의 경우,
  시를 말할 땐 여성명사 hora(s) 앞이므로 여성형 uma와 duas를 사용한다.
  분을 말할 땐 남성명사 minuto(s) 앞이므로 남성형 um과 dois를 사용한다.

⊘ 30분: meia (meia hora(반시간)에서 hora가 생략된 형태)
  정각: em ponto   정오: meio-dia   자정: meia-noite
  오전 ~시: ~ da manhã   오후 ~시: ~ da tarde   저녁 ~시: ~ da noite

③ 날짜, 생일 말하기

Que dia (do mês) é hoje? 오늘은 며칠이니?
Que data é hoje? 오늘은 며칠이니?
Qual é a data de hoje? 오늘은 며칠이니?
– Hojé é dia primeiro de março. 오늘은 3월 1일이야.
– Hoje é dia dois de março. 오늘은 3월 2일이야.

53

Quando é seu aniversário? 네 생일이 언제지?

- Meu aniversário é dia 13 de maio. 내 생일은 5월 13일이야.

Quando você nasceu? 너는 언제 태어났니?

- Eu nasci no dia 13 de maio. 나는 5월 13일에 태어났어.

- Eu nasci em 2001. 나는 2001년에 태어났어.

Quando você faz aniversário? 너는 언제 생일을 맞니?

Quando você faz anos? 너는 언제 생일을 맞니?

- Eu faço aniversário em outubro. 나는 10월에 생일을 맞아.

- Eu faço 21 anos em outubro. 나는 10월에 21살이 돼.

4 시간 부사구

anteontem 그저께   ontem 어제

hoje 오늘   amanhã 내일

depois de amanhã 모레

ontem cedo 어제 일찍   ontem de manhã 어제 오전에

ontem à tarde 어제 오후에   ontem à noite 어제 밤에

hoje cedo 오늘 일찍   hoje de manhã 오늘 오전에

hoje à tarde 오늘 오후에   hoje à noite 오늘 밤에

amanhã cedo 내일 일찍   amanhã de manhã 내일 오전에

amanhã à tarde 내일 오후에   amanhã à noite 내일 밤에

no ano passado 작년에

no mês passado 지난 달에   na semana passada 지난 주에

neste ano 금년에

neste mês 이번 달에   nesta semana 이번 주에

no ano que vem, no próximo ano 내년에

no mês que vem, no próximo mês 다음 달에

na semana que vem, na próxima semana 다음 주에

EXPRESSÃO

● **요일, 월, 계절 말할 때 쓰는 표현**

Que dia (da semana) é hoje?	오늘은 무슨 요일이니?
Hoje é _____	오늘은 _____ 이야.
segunda-feira	월요일
terça-feira	화요일
quarta-feira	수요일
quinta-feira	목요일
sexta-feira	금요일
sábado	토요일
domingo	일요일

Em que mês você nasceu?	너는 몇 월 생이니?
Eu nasci em _____	나는 _____에 태어났어.
janeiro	1월
fevereiro	2월
março	3월
abril	4월
maio	5월
junho	6월
julho	7월
agosto	8월
setembro	9월
outubro	10월
novembro	11월
dezembro	12월

Qual estação do ano você mais gosta?	어떤 계절을 더 좋아하니?
Eu gosto da primavera.	나는 봄을 좋아해.
do verão	여름을
do outono	가을을
do inverno	겨울을

APLICAÇÃO

🎧 5-3

Tem horas?	몇 시니?
Você tem tempo?	너 시간 있니?
O despertador não tocou e perdi a hora.	알람 시계가 안 울려서 시간을 놓쳤다.
Eu perdi meu tempo.	내 시간을 버렸다.
Eu trabalho de manhã, das 8 ao meio-dia.	나는 오전에 8시에서 정오까지 일한다.
Almoço do meio-dia à uma da tarde.	정오부터 오후1시까지 점심 먹는다.
A que horas você janta?	몇 시에 저녁식사 하니?
Eu janto às 7 e meia.	난 7시 반에 저녁 먹는다.
Ainda é cedo.	아직 이르다.
Já é tarde.	이미 늦었다.
Quem é pontual?	누가 시간 잘 지키니?
Meu relógio está meio adiantado.	내 시계가 조금 빠르네.
Meu marido vai chegar meia hora atrasado.	내 남편은 30분 늦게 도착할거야.
Nós chegamos em cima da hora.	우리는 시간에 딱 맞춰 도착했다.
Que dia é seu aniversário mesmo?	네 생일이 진짜 언제라구?
Cai na segunda, mas a festa vai ser no domingo.	월요일인데 파티는 일요일에 해.

PRÁTICA ORAL

1 다음 어휘를 estar com 패턴의 변화형에 맞추어 포르투갈어로 말해보세요.

---

calor 더위 / frio 추위 / medo 무서움 / sono 잠

fome 배고픔 / sede 갈증 / sorte 운 / pressa 급함 / raiva 분노

gripe 감기 / febre 열 / enxaqueca 편두통 / cólica 생리통

dor de cabeça 두통 / dor de estômago 위통 / dor de dente 치통

dor de garganta 인후통 / dor de ouvido 이통 / dor de barriga 복통

'estar com + 추상명사'는 추상명사가 가진 의미의 일시적이고 가변적인 상태 표현.

| 활용예문 |

Eu estou com calor. 덥다.

Eu estou com fome. 배고프다.

Eu estou com gripe. 감기 걸렸다.

Eu estou com dor de cabeça. 머리가 아프다.

Eu estou com dor de garganta. 목이 아프다.

Você está com _____?

Ele/Ela/A gente está com _____

Nós estamos com _____

Vocês estão com _____?

Eles/Elas estão com _____

2 다음 어휘로 estar morrendo de ~ (~해 죽겠다) 구문을 연습해 보세요.

---

sede 갈증 / fome 배고픔 / calor 더위 / frio 추위 / medo 무서움

Eu estou morrendo de _____

Você está morrendo de _____?

EXERCÍCIO

1 다음을 포르투갈어로 말해보세요.

1 A: 오늘 무슨 요일이지? _____

B: 오늘은 수요일이야. _____

2 A: 지금 몇 시지? _____

B: 4시 반이야. _____

2 다음 빈칸에 알맞은 포르투갈어를 넣어 말해보세요.

1 내 생일은 1월 24일이야.

Meu _____ é dia _____ de _____

2 내 아들은 3월 29일에 태어났어.

Meu _____ nasceu no dia _____ de _____

3 내일은 12월 1일이야.

_____ é dia _____ de _____

4 나는 저녁 8시에 식사한다

Eu _____ às _____ da _____

5 나는 배고파 죽겠다.

Eu estou _____ de _____

Hoje está fresco, né?

DIÁLOGO

🎧 6-1

VOCABULÁRIO

ir 가다

praia 해변

amigo/a 친구

sol 태양

mas 하지만

de repente 갑자기

começar 시작하다

chover 비가 내리다

pois é 그러게요

instável 불안정한

decidir 결정하다

voltar 돌아오다

fresco/a 선선한

nem ~도 아닌

frio/a 추운, 찬

quente 더운, 뜨거운

Beto: **Eu fui à praia com um amigo meu ontem.**
에우 푸이 아 쁘라이아 꽁 웅 아미구 메우 옹뗑

Carina: **Você foi à praia? Fez sol?**
보쎄 포이 아 쁘라이아 페스 쏘우

Beto: **Fez um solzinho mas, de repente, começou a chover.**
페스 웅 쏘우징유 마스 데 헤뼁치 꼬메쏘 아 쇼베르

Carina: **Pois é. O tempo estava muito instável.**
뽀이즈 에 우 뗑뿌 이스따바 무이뚜 잉스따베우

Beto: **Ontem à tarde, decidi voltar para casa.**
옹뗑 아 따르지 데씨지 보우따르 빠라 까자

Carina: **Hoje está fresco, né? Nem frio nem quente.**
오쥐 이스따 프레스꾸 네 넹 프리우 넹 껭치

Beto: 나는 어제 친구 한 명과 해변에 갔어.

Carina: 너 해변에 갔구나? 햇빛 났어?

Beto: 햇빛 조금 나다가 갑자기 비가 오기 시작했어

Carina: 그러게. 날씨가 아주 불안정했었지.

Beto: 어제 오후에 집에 돌아오기로 결정했어.

Carina: 오늘은 선선하네 그치? 춥지도 않고 덥지도 않고.

GRAMÁTICA

1 동사-직설법 완전과거 규칙변화

	-ar 동사	-er 동사	-ir 동사
1인칭 단수	-ei	-i	-i
3인칭 단수	-ou	-eu	-iu
1인칭 복수	-amos	-emos	-imos
3인칭 복수	-aram	-eram	-iram

용법: 과거에 끝난 사실, 상태

1) tomar 마시다.

Eu tomei café. 나는 커피를 마셨다.

Você tomou café? 너는 커피를 마셨니?

Ele/Ela/A gente tomou café. 그는/그녀는/우리는 커피를 마셨다.

Nós tomamos café. 우리는 커피를 마셨다.

Vocês tomaram café? 너희들은 커피를 마셨니?

Eles/Elas tomaram café. 그들은/그녀들은 커피를 마셨다.

2) beber 술마시다

Eu bebi muito. 나는 술을 많이 마셨다.

Você bebeu muito? 너는 술을 많이 마셨니?

Ele/Ela/A gente bebeu muito. 그는/그녀는/우리는 술을 많이 마셨다.

Nós bebemos muito. 우리는 술을 많이 마셨다.

Vocês beberam muito? 너희들은 술을 많이 마셨니?

Eles/Elas beberam muito. 그들은/그녀들은 술을 많이 마셨다.

3) assistir 보다

Eu assisti TV. 나는 TV를 봤다.

Você assistiu TV? 너는 TV를 봤니?

Ele/Ela/A gente assistiu TV. 그는/그녀는/우리는 TV를 봤다.

Nós assistimos TV. 우리는 TV를 봤다.

Vocês assistiram TV? 너희들은 TV를 봤니?

Eles/Elas assistiram TV. 그들은/그녀들은 TV를 봤다.

2 동사-직설법 완전과거 불규칙변화

	ser/ir	estar	ter	fazer	vir
1인칭단수	fui	estive	tive	fiz	vim
3인칭단수	foi	esteve	teve	fez	veio
1인칭복수	fomos	estivemos	tivemos	fizemos	viemos
3인칭복수	foram	estiveram	tiveram	fizeram	vieram

1) ser/ir

Eu fui presidente do clube. 나는 클럽의 회장이었다.

Você foi ao cinema ontem? 너는 어제 영화관에 갔니?

2) estar

Eu estive no Brasil em 2000. 나는 2000년에 브라질에 있었다.

Você já esteve em Portugal? 너는 포르투갈에 가봤니?

3) ter

Eu não tive aula ontem. 나는 어제 수업이 없었다.

Você teve uma reunião de manhã? 너는 아침에 회의가 있었니?

4) fazer

Eu fiz tudo direito. 나는 모든 것을 제대로 했다.

Você não fez isso? 너는 그걸 안했니?

5) vir

Eu vim aqui de ônibus. 나는 버스로 여기에 왔다.

Você veio aqui sozinho? 너는 혼자 여기에 왔니?

	poder	pôr	ver	dar	querer
1인칭단수	pude	pus	vi	dei	quis
3인칭단수	pôde	pôs	viu	deu	quis
1인칭복수	pudemos	pusemos	vimos	demos	quisemos
3인칭복수	puderam	puseram	viram	deram	quiseram

6) poder

Eu não pude chegar cedo anteontem. 나는 그저께 일찍 도착할 수 없었다.

Você pôde ver o filme até o fim? 너는 영화를 끝까지 볼 수 있었니?

7) pôr

Eu pus a chave em cima da mesa. 나는 탁자 위에 열쇠를 놓았다.

Você pôs a mesa para o jantar? 너는 저녁 밥상을 차렸니?

8) ver

Eu vi o acidente na rua. 나는 길에서 사고를 봤다.

Você viu o ladrão correndo? 너는 뛰어가는 도둑을 봤니?

9) dar

Eu dei presentes para ela. 나는 그녀에게 선물을 주었다.

Você não deu nada para ela? 너는 그녀에게 아무 것도 안 줬니?

10) querer

Eu sempre quis conhecer a Espanha. 나는 언제나 스페인을 가보고 싶었다.

Você quis me ajudar? 너는 나를 도와주고 싶었니?

	saber	dizer	trazer	haver
1인칭단수	soube	disse	trouxe	houve
3인칭단수	soube	disse	trouxe	houve
1인칭복수	soubemos	dissemos	trouxemos	houvemos
3인칭복수	souberam	disseram	trouxeram	houveram

11) saber

Eu soube ontem que você vai viajar. 나는 네가 여행 갈 것이란 걸 어제 알았다

Você soube que eu estava aqui? 너는 내가 여기 있었던 걸 알았니?

12) dizer

Eu disse a verdade. 나는 진실을 말했다.

Você não disse nada. 너는 아무 말도 안했다.

13) trazer

Eu trouxe os documentos. 나는 서류들을 가져왔다.

Você trouxe mais notícias? 너는 소식들을 더 가져왔니?

14) haver

O que houve? 무슨 일 있었니?

Houve um acidente de carro. 차 사고가 있었다.

3 강조하여 부정하는 nem ~ nem~(~도 아니고 ~도 아닌)의 표현

Eu não falo chinês e japonês. 나는 중국어와 일본어를 못한다.

Eu não falo nem chinês nem japonês. 나는 중국어도 못하고 일본어도 못한다.

Eu não como carne de porco e frango. 나는 돼지고기와 닭고기를 먹지 않는다.

Eu não como nem carne de porco nem frango.
나는 돼지고기도 먹지 않고 닭고기도 먹지 않는다.

Eu não gosto de carne e de peixe. 나는 고기와 생선을 좋아하지 않는다.

Eu não gosto nem de carne nem de peixe.
나는 고기도 좋아하지 않고 생선도 좋아하지 않는다.

Eu não moro em Seul e em Busan. 나는 서울과 부산에 살지 않는다.

Eu não moro nem em Seul nem em Busan. 나는 서울에도 살지 않고 부산에도 살지 않는다.

Eu não trabalho na Samsung e na LG. 나는 삼성과 LG에서 일하지 않는다.

Eu não trabalho nem na Samsung nem na LG.
나는 삼성에서도 일하지 않고 LG에서도 일하지 않는다.

EXPRESSÃO

● 날씨 말할 때 쓰는 표현

Como está o tempo hoje?	오늘 날씨 어떠니?
Está bom.	좋다
agradável	온화하다
quente	덥다
fresco	선선하다
frio	춥다
ensolarado	맑다, 해가 뜬다
nublado	흐리다
enevoado	안개꼈다
abafado	푹푹찐다
úmido	습하다
seco	건조하다
chuvoso	비 온다
chovendo	비가 내리고 있다
nevando	눈이 내리고 있다
ventando	바람이 불고 있다
Faz sol	맑다, 해가 뜬다
calor	덥다
frio	춥다

APLICAÇÃO

🎧 6-3

A chuva já passou ontem à noite.	어젯밤에 비가 이미 그쳤다.
O vento está soprando forte.	바람이 강하게 불고있다.
Hoje está parcialmente nublado.	오늘 부분적으로 흐리다.
Nestes dias a temperatura está instável.	요즘 기온이 불안정하다.
Eu passei ontem tomando sol.	나는 어제 일광욕을 하며 보냈다.
Tomara que não chova.	비가 오지 않길 바란다.
Você viu a previsão do tempo?	일기예보 봤어요?
Parece que vai chover.	비가 올 것 같다.
É melhor levar o guarda-chuva.	우산을 가져가는 게 낫겠어.
Está caindo uma tempestade.	폭풍이 몰아치고 있다.
Está passando um tufão.	태풍이 지나가고 있다.
Agora está nevando lá fora.	지금 저기 밖에 눈이 내리고 있다.
Acho que vai esfriar.	추워질 거라고 생각해.
O tempo não está nem frio nem quente.	날씨가 춥지도 않고 덥지도 않다.
Meu filho não é nem alto nem baixo.	내 아들은 키가 크지도 않고 작지도 않다
Minha filha não é nem magra nem gorda.	내 딸은 날씬하지도 않고 뚱뚱하지도 않다.

PRÁTICA ORAL

1 다음 구문을 fazer 동사 현재와 완전과거 변화형에 맞추어 포르투갈어로
말해보세요.

---

fazer compras 쇼핑하다 / fazer amigos 친구 사귀다

fazer uma viagem 여행하다 / fazer uma reserva 예약하다

fazer um negócio 사업하다 / fazer uma prova 시험보다

fazer ginástica 체조하다 / fazer musculação 근육운동하다

fazer esteira 런닝머신하다 / fazer aniversário 생일을 맞다

fazer a barba 면도하다 / fazer seguro de saúde 건강보험을 들다

fazer bagunça 엉망으로 만들다 / fazer muito barulho 시끄럽게 하다

fazer regime 다이어트하다 / fazer hora extra 시간외 근무하다

| 현재 |

Eu faço ....

Você faz ....?

Ele/Ela/A gente faz ....

Nós fazemos ....

Vocês fazem ....?

Eles/Elas fazem ....

| 완전과거 |

Eu fiz ....

Você fez ....?

Ele/Ela/A gente fez ....

Nós fizemos ....

Vocês fizeram ....?

Eles/Elas fizeram ....

2 다음 어휘로 Faz ~ (기후) 구문을 연습해 보세요.

---

sol 해 / frio 추위 / calor 더위

Hoje faz ....   Amanhã vai fazer ....

EXERCÍCIO

① 다음을 포르투갈어로 말해보세요.

1 A: 오늘 날씨가 어때? ....

B: 오늘은 습하고 푹푹찌네. ....

2 A: 나는 어제 해변에 갔어. ....

B: 하지만 날씨가 불안정했었지. ....

② 다음 빈칸에 알맞은 포르투갈어를 넣어 말해보세요.

1 갑자기 비가 오기 시작했다.

De .... começou a ....

2 오늘 부분적으로 흐리다.

Hoje está ....

3 지금 저기 밖에 눈이 내리고 있다.

Agora está .... lá ....

4 일기예보 봤어?

Você .... a .... do tempo?

5 날씨가 춥지도 덥지도 않다.

O tempo não está ....

취미 영화관에 가는 거 좋아해요?
Você gosta de ir ao cinema?

DIÁLOGO

🎧 7-1

Beto: **Você pode assistir ao jogo comigo hoje à noite?**
보쎄 뽀지 아씨스치르 아우 죠구 꼬미구 오쥐 아 노이치

Carina: **Eu quero mas hoje não dá.**
에우 께루 마스 오쥐 너웅 다

Beto: **Então, você gosta de ir ao cinema?**
잉떠웅 보쎄 고스따 지 이르 아우 씨네마

Carina: **Gosto. Vou ao cinema pelo menos uma vez por mês.**
고스뚜 보 아우 씨네마 뻴루 메누스 우마 베스 뽀르 메스

Beto: **Qual é seu tipo de filme favorito?**
꽈우 에 쎄우 치뿌 지 피우미 파보리뚜

Carina: **É filme de ficção científica. Eu adoro.**
에 피우미 지 픽씨웅 씨엥치피까 에우 아도루

Beto: **Vamos assistir a um filme neste domingo!**
바무스 아씨스치르 아 웅 피우미 네스치 도밍구

assistir 보다

jogo 게임, 경기

comigo 나와 함께

não dá 안된다

gostar 좋아하다

cinema 영화관

pelo menos 적어도

um/uma 하나

vez 번, 차례

tipo 타입

filme 영화

favorito/a 선호하는

ficção científica
공상과학

adorar 엄청 좋아하다

vamos ~하자

Beto: 오늘 밤 나와 같이 경기 볼 수 있니?
Carina: 그러고 싶은데 오늘은 안돼.
Beto: 그럼 너 영화관에 가는 거 좋아해?
Carina: 좋아해. 적어도 한달에 한번 가.
Beto: 좋아하는 영화 타입이 뭐니?
Carina: SF영화. 엄청 좋아해.
Beto: 이번 일요일에 영화 한편 보러 가자.

GRAMÁTICA

1 동사-직설법 불완전과거 규칙, 불규칙변화

	-ar 동사	-er 동사	-ir 동사
1인칭 단수	-ava	-ia	-ia
3인칭 단수	-ava	-ia	-ia
1인칭 복수	-ávamos	-íamos	-íamos
3인칭 복수	-avam	-iam	-iam

	ser	ter	vir	pôr
1인칭단수	era	tinha	vinha	punha
3인칭단수	era	tinha	vinha	punha
1인칭복수	éramos	tínhamos	vínhamos	púnhamos
3인칭복수	eram	tinham	vinham	punham

용법: 과거의 습관, 반복, 지속, 과거 시점의 상황 묘사, 동시 진행 상황, 완곡 어법

1) Antigamente eu fumava muito e bebia bem.
나는 예전에 담배를 많이 피웠었고 술을 잘 마셨었다.

2) Minha esposa tomava cafezinho naquele café verde.
내 아내는 저 녹색 커피점에서 커피를 마시곤 했다.

3) Quando tinha 20 anos, eu era um bom aluno.
20살 이었을 때, 나는 좋은 학생이었다.

4) Quando eu entrei na sala, a janela estava fechada.
내가 교실에 들어갔을 때, 창문은 닫혀 있었다.

5) Quando eu cheguei em casa, meu filho estava estudando.
내가 집에 도착했을 때, 내 아들은 공부하고 있었다.

6) Ontem não tinha nada para fazer no escritório.
어제 사무실에서 할 일이 하나도 없었다.

7) Enquanto eu assistia TV, minha mãe cozinhava.
내가 TV를 보는 동안, 엄마는 요리를 하고 있었다.

8) Você podia me ajudar?
당신은 나를 도와줄 수 있을까요?

2   assistir 동사의 활용

주로 다음과 같은 세가지 의미로 자주 사용된다.

1) 보다 (ver)

Eu quero assistir (a)o filme com minha namorada. 여친과 영화보고 싶다.

Eu posso assistir (a)o jogo no domingo. 일요일에 경기 볼 수 있다.

📋 '보다'의 의미로 사용되는 assistir동사는 문법적으로 전치사 a가 함께 사용되어야 하지만 구어체에서는 일반적으로 전치사를 생략한다.

2) 참석하다 (comparecer)

Eu quero assistir à aula de português. 포어 수업을 듣고 싶다.

Eu posso assistir ao seminário com eles. 그들과 세미나를 들을 수 있다.

3) 도와주다 (ajudar)

Eu quero assistir os pobres. 가난한 사람들을 도와주고 싶다.

Eu posso assistir os doentes. 환자들을 도와줄 수 있다.

3   완곡어법

동사의 불완전과거형과 과거미래형을 사용하여 공손하게 말할 수 있다. 회화에서 자주 사용하는 형태로 gostaria de ～, queria ～, poderia ～, podia ～가 있다.

Eu gostaria de falar com o gerente. 매니저와 통화하고 싶습니다.

Eu queria encontrar a Rafaela. 하파엘라를 만나고 싶습니다.

Poderia falar com o Tite? 치치와 통화할 수 있을까요?

Você podia fechar a porta? 문을 닫아 주시겠어요?

4   빈도부사

sempre 항상	normalmente / geralmente 보통, 일반적으로
muitas vezes 자주	frequentemente 빈번히
às vezes / de vez em quando 가끔	raramente 드물게
nunca 절대	

Eu sempre durmo e acordo cedo. 나는 항상 일찍 자고 일찍 일어난다.

Normalmente eu durmo aqui. 일반적으로 나는 여기서 잔다.

Vou ao cinema com minha esposa muitas vezes. 자주 아내와 영화관에 간다.

Às vezes vou à praia com ela. 가끔 그녀와 해변에 간다.

Raramente vou à academia. 드물게 헬스클럽에 간다.

Nunca mais vou chorar. 절대로 더는 울지 않을거야.

EXPRESSÃO

🎧 7-2

1 취미에 대해 말할 때 쓰는 표현

Eu quero ver um filme de _____ 나는 _____ 영화를 보고 싶다.

comédia	코미디
romance	로맨스
ação	액션
terror	공포
guerra	전쟁
drama	드라마
ficção científica	공상과학
desenho animado	만화

Eu gosto de jogar _____ 나는 _____ 하는(치는) 걸 좋아한다.

futebol	축구
beisebol	야구
basquete	농구
vôlei	배구
handebol	핸드볼
tênis	테니스
golfe	골프
pingue-pongue	탁구
bilhar	당구
boliche	볼링
cartas, baralho	카드놀이
xadrez	체스

71

Eu gosto de tocar _____	나는 _____ 치는(켜는) 걸 좋아한다.
piano	피아노
violão	통기타
guitarra	전자기타
violino	바이올린
violoncelo	첼로

Eu gosto de _____	나는 _____ 좋아한다.
nadar	수영하는 것을
pescar	낚시하는 것을
andar de bicicleta	자전거타는 것을
andar de esqui	스키타는 것을

2 경기 관련 필수 어휘

경기 jogo, partida	팀 time, equipe
심판 juiz, árbitro	감독 técnico
선수 jogador(a)	응원자 torcedor(a)
응원단 torcida	경기장 estádio
체육관 ginásio	스코어 placar
승리 vitória	패배 derrota
무승부 empate	이기다 ganhar, vencer
지다 perder, ser derrotado	비기다 empatar
결승전 final	준결승전(4강) semifinal
3위 결정전 disputa do terceiro lugar	8강 quartas de final
16강 oitavas de final	
올림픽 jogos olímpicos, olimpíadas	월드컵 copa do mundo
챔피언 campeão / campeã	금메달 medalha de ouro
은메달 medalha de prata	동메달 medalha de bronze

APLICAÇÃO

Você gosta de ouvir música?　　　　　너는 음악 듣는 거 좋아하니?

Que tipo de música você mais gosta?　어떤 타입의 음악을 더 좋아하니?

Qual é seu cantor favorito?　　　　　좋아하는 가수가 누구니?

Até quando aquela peça fica em cartaz? 그 연극은 언제까지 상영하니?

Quanto tempo dura esse filme?　　　　이 영화는 얼마나 걸리니?

A que horas começa a próxima sessão? 다음 회는 몇 시에 시작하니?

Vamos jogar futsal neste sábado?　　이번 토요일에 풋살 할까?

Como está o placar?　　　　　　　　스코어가 어떻게 되니?

A seleção brasileira ganhou o jogo por três a um.

　　　　　　　　　　　　　　　　브라질대표팀이 3 대 1로 이겼어.

O jogo empatou em um a um.　　　　경기는 1 대 1로 비겼어.

Você assiste à novela das oito?　　너는 8시 드라마 보니?

Daqui a pouco, passa o jogo na Globo. 잠시 후 글로부에서 경기를 중계방송한다.

Posso aumentar o volume mais um pouco?

　　　　　　　　　　　　　　　　내가 볼륨을 조금 더 높여도 될까?

Você pode diminuir o volume ou desligar a TV?

　　　　　　　　　　　　　　　너 볼륨을 줄이거나 TV를 꺼줄 수 있니?

PRÁTICA ORAL

1 poder 동사 현재, 완전과거, 불완전과거 변화형 다음에 다음 구문을 넣어 포르투갈어로 말해보세요.

| 현재 |

jogar futebol agora. 지금 축구 하다

Eu posso _____ 지금 축구를 할 수 있다.

Você pode _____ ?

Ele/Ela/A gente pode _____

Nós podemos _____

Vocês podem _____ ?

Eles/Elas podem _____

| 완전과거 |

ir ao cinema ontem. 어제 영화관에 가다

Eu pude _____ 어제 영화관에 갈 수 있었다.

Você pôde _____ ?

Ele/Ela/A gente pôde _____

Nós pudemos _____

Vocês puderam _____ ?

Eles/Elas puderam _____

| 불완전과거 |

abrir a janela 창문을 열다

Você podia _____ ? 창문을 열어줄 수 있어요?

Vocês podiam _____ ?

EXERCÍCIO

1 다음을 포르투갈어로 말해보세요.

1   A: 너는 오늘 밤에 나와 함께 경기를 볼 수 있니?

    B: 그러고 싶은데 오늘은 안돼.

    ----

2   A: 나는 적어도 한달에 한번 영화관에 가.

    B: 좋아하는 영화 타입이 뭐니?

    ----

2 다음 빈칸에 알맞은 포르투갈어를 넣어 말해보세요.

1   너는 테니스치는 걸 좋아하니?

    Você _____ de _____ tênis?

2   나는 피아노 치는 걸 좋아한다.

    Eu _____ de _____ piano.

3   나는 코미디 영화를 보고 싶다.

    Eu _____ ver o _____ de _____

4   20살 때 나는 술을 많이 마셨었다.

    Quando _____ 20 anos, eu _____ muito.

5   문을 닫아줄 수 있어요?

    Você _____ _____ a porta?

초대 이번 토요일에 한가하니?
Você está livre neste sábado?

DIÁLOGO 🎧 8-1

Carina: Você está livre neste sábado?
보쎄 이스따 리브리 네스치 싸바두

Beto: Acho que vou ficar em casa brincando com meu fiho. Por quê?
아슈 끼 보 피까르 잉 까자 브링깡두 꽁 메우 필류 뽀르께

Carina: Eu quero convidar você pro meu aniversário.
에우 께루 꽁비다르 보쎄 쁘루 메우 아니베르싸리우

Beto: Ah é? Parabéns! Onde vai ser a festa?
아 에 빠라벵스 옹지 바이 쎄르 아 페스따

Carina: No bar do Beto que fica na frente do shopping Iguatemi.
누 바르 두 베뚜 끼 피까 나 프렝치 두 쇼삥 이과떼미

Pode ser às 7 da noite?
뽀지 쎄르 아스 쎄치 다 노이치

Beto: Tá ótimo. Obrigado pelo convite. A gente se vê lá então.
따 오치무 오브리가두 뻴루 꽁비치 아 젱치 씨 베 라 잉떠웅

Carina: 이번 토요일에 한가하니?
Beto: 아들과 놀아주면서 집에 있을 거 같은데. 왜?
Carina: 너를 내 생일에 초대하고 싶어.
Beto: 아 그래? 축하해! 파티 어디서 할건데?
Carina: 이과떼미 쇼핑 앞에 있는 바르두베뚜에서. 저녁 7시에 괜찮아?
Beto: 좋지. 초대해줘서 고마워. 우리 그럼 그때 보자.

VOCABULÁRIO

livre 한가한

ficar 머무르다

brincar 놀아주다, 장난치다

por quê? 왜?

convidar 초대하다

pro ~로(= para o)

aniversário 생일

parabéns! 축하해!

festa 파티

bar 바

frente 앞

ótimo/a 최고의

convite 초대

lá 거기, 그때

então 그럼

GRAMÁTICA

1 동사-직설법 미래

	동사원형 +	fazer	dizer	trazer
1인칭 단수	ei	farei	direi	trarei
3인칭 단수	á	fará	dirá	trará
1인칭 복수	emos	faremos	diremos	traremos
3인칭 복수	ão	farão	dirão	trarão

용법: 미래의 행동, 상태, 가능성, 추측

✓ 구어체에서는 ir 현재형(vou, vai, vamos, vão) + 동사원형의 형태로 미래형을 표현한다.

1) Eu comprarei um carro. 난 차를 한대 살 것이다.

= Eu vou comprar um carro.

2) Eu farei compras amanhã. 나는 내일 쇼핑을 할 것이다.

= Eu vou fazer compras amanhã.

3) Eu direi a verdade. 나는 진실을 말할 것이다.

= Eu vou dizer a verdade.

4) Eu trarei o guarda-chuva. 나는 우산을 가져올 것이다.

= Eu vou trazer o guarda-chuva.

5) Será que é possível? 가능한 걸까?

2 재귀대명사와 재귀동사

	단수	복수
1인칭	me	nos
2인칭	te	-
3인칭	se	se

⊘ 재귀대명사를 동반하는 동사를 재귀동사라고 한다. 이런 경우 주어가 행한 동작이 다시
주어 자신에게 돌아옴으로써 결과적으로 주어와 목적어가 같은 사람이 된다.

Eu me levanto cedo. 나는 일찍 일어난다.

Ele se levanta às 8 horas. 그는 8시에 일어난다.

Eu me olho no espelho. 나는 거울로 나를 본다.

Eu me visto no banheiro. 나는 화장실에서 옷을 입는다.

Eu me diverti muito na festa. 나는 파티에서 엄청 즐겼다.

Eu não me sentei nem um minuto. 나는 1분도 못 앉아 있었다.

⊘ 재귀동사는 상호작용의 의미로, '서로 ~하다'의 뜻으로도 사용된다.

A gente se vê no café amanhã às 5 horas. 우리 내일 5시에 까페에서 봐요.

Eles se conhecem há muito tempo. 그들은 서로 안지 오래되었다.

Eles se amam. 그들은 서로 사랑한다.

Eles se odeiam. 그들은 서로 싫어한다. (odiar: **싫어하다**)

Eles se cumprimentam. 그들은 서로 인사한다.

Eles se gostam. 그들은 서로 좋아한다.

3 **혼동하기 쉬운 por quê 유사 형태의 사용비교**

Por quê?	왜? (Why?) Eu não vou à festa. 나는 파티에 안 가. - Por quê? 왜?
Por que ...?	왜 ....? (Why ...?) Por que você não vai à festa? 넌 왜 파티에 안 가니?
porque ...	왜냐하면 ... (Because ...) Não posso ir à festa porque eu estou muito ocupado. 왜냐하면 너무 바빠서 파티에 갈 수가 없어.
o porquê	남성명사로 이유(razão), 동기(motivo), 원인(causa)의 의미 Não sei o porquê. 이유를 모르겠어.

4 장소부사구

na frente de, em frente a ～앞에   atrás de ～뒤에

fora de ～밖에   dentro de ～안에

em cima de ～위에   embaixo de ～아래에

entre A e B A와 B사이에   ao lado de ～옆에

⊘ 장소의 부사구를 사용할 때는 전치사와 정관사의 축약형을 정확히 사용해야 한다.

O banco fica na frente da prefeitura. 은행은 시청 앞에 있다.

A prefeitura fica atrás do correio central. 시청은 중앙우체국 뒤에 있다.

O correio fica ao lado da biblioteca. 우체국은 도서관 옆에 있다.

O presidente está fora da realidade. 대통령이 현실 밖에 있다.

A felicidade está dentro da gente. 행복은 우리 안에 있다.

O livro está em cima da mesa. 책은 탁자 위에 있다,

A mochila está embaixo da mesa. 가방은 탁자 아래에 있다.

A Lúcia está entre o Henrique e o Juliano.
루씨아는 엥히끼와 줄리아누 사이에 있다.

5 현재분사

-ar동사	-ando
-er동사	-endo
-ir동사	-indo

⊘ 동시동작 '～하면서'의 의미로 사용된다.

Ele sempre trabalha ouvindo música. 그는 항상 음악을 들으며 일한다.

Eu estou sentado na sala tomando café. 나는 커피를 마시며 거실에 앉아 있다.

⊘ estar동사와 함께 '진행'의 의미를 표현한다.

A minha mãe está cozinhando. 엄마는 요리하고 있다.

Eles estão conversando sobre as próximas férias.
그들은 다음 휴가에 대하여 얘기 중이다.

Estou pensando em viajar para Portugal. 나는 포르투갈로 여행 가려고 생각 중이다.

O que você estava fazendo? 너는 뭐하고 있었던 거야?

Eu estava nadando na piscina. 나는 수영장에서 수영하고 있었다.

EXPRESSÃO

🎧 8-2

● 전화관련 표현

Alô?	여보세요?
Quem fala?	누구시죠?
Quem está falando?	
Com quem eu falo?	
Aqui é o Beto. / Aqui fala o Beto.	나 베뚜야.
Poderia falar com o Dr. Renato?	헤나뚜 박사님과 통화할 수 있을까요?
Gostaria de falar com a Fernanda.	페르난다와 통화하고 싶습니다.
É ele mesmo. (É ela mesma.) / Sou eu.	전데요(바로 그사람인데요)
O Paulo está aí?	거기 빠울루 있어요?
Infelizmente ele não pode atender agora.	안타깝지만 그는 지금 전화 받을 수 없어요.
Ele não está no momento.	그는 지금 없어요.
Aqui não tem nenhum Paulo.	여기 빠울루란 사람 없는데요.
Ele acabou de sair para almoçar.	그는 막 점심 먹으러 나갔는데요.
Quer deixar recado?	메모를 남기겠습니까?
Quer deixar mensagem?	
Pede para ele me ligar.	내게 전화하라고 그 사람에게 전해주세요.
Você pode falar mais uma vez?	한번 더 말해 줄래?
Você pode falar mais alto?	더 크게 말해 줄래?
Você pode ligar mais tarde?	있다가 전화해 줄래?
Ligo mais tarde. / Telefono mais tarde.	나중에 다시 걸게요.
A linha está ocupada.	통화 중이에요.
Ninguém atende.	아무도 받지 않네요.
Desculpe. Foi engano.	죄송해요. 잘못 걸었어요.
A ligação caiu.	전화가 끊겼어요.
Só um pouquinho. / Só um instante.	잠깐만요.
Só um minuto. / Só um minutinho.	
Só um momento. / Só um momentinho.	

APLICAÇÃO

O que você vai fazer no fim de semana?주말에 뭐 할 거니?

Aparece lá em casa. 우리집에 와.

Quando você pode? Sábado ou domingo à noite?

언제 돼? 토요일 밤 아님 일요일 밤?

Se você não se importa, prefiro sábado. 네가 상관없으면, 난 토요일이 좋겠어.

A que horas é melhor para você? Que tal às 8?

너한테는 몇 시가 좋아? 8시 어때?

Você pode me ligar no domingo? 일요일에 내게 전화해 줄래?

Pode dirigir meu carro amanhã? 내일 내 차 운전 좀 해줄 수 있니?

Eu quero descansar o dia inteiro em casa.

난 집에서 하루 종일 쉬고 싶어.

Você tem dinheiro para me emprestar? 내게 빌려줄 돈 좀 있니?

Podemos viajar juntos? 우리 함께 여행 갈 수 있니?

Quando podemos nos encontrar? 언제 우리 만날 수 있지?

A que horas nos encontramos? 몇 시에 우리 만나지?

A qualquer hora da manhã. 오전 아무 시간대나.

A gente se encontra às 11 da manhã. 우리는 오전 11시에 만나.

Poderia mudar o nosso compromisso para outro dia?

우리 약속을 다른 날로 옮겨도 될까요?

Para mim tanto faz. 난 상관없어.

PRÁTICA ORAL

1 querer 동사 현재, 완전과거, 불완전과거 변화형 다음에 다음 구문을 넣어
포르투갈어로 말해보세요.

| 현재 |

viajar para o Brasil nas férias 휴가에 브라질로 여행가다

Eu quero .... 휴가에 브라질로 여행가고 싶다.

Você quer .... ?

Ele/Ela/A gente quer ....

Nós queremos ....

Vocês querem .... ?

Eles/Elas querem ....

| 완전과거 |

comprar um carro grande 큰 차를 한대 사다

Eu quis .... 큰 차를 한대 사고 싶었다.

Você quis .... ?

Ele/Ela/A gente quis ....

Nós quisemos ....

Vocês quiseram .... ?

Eles/Elas quiseram ....

| 불완전과거 |

convidar você para a festa. 당신을 파티에 초대하다

Eu queria .... 당신을 파티에 초대하고 싶어요.

Nós queríamos ....

EXERCÍCIO

1 다음을 포르투갈어로 말해보세요.

1 A: 이번 일요일에 한가하니? _____

    B: 집에 있을 것 같아. _____

2 A: 저녁 8시에 괜찮아? _____

    B: 우리 그럼 그때 보자. _____

2 다음 빈칸에 알맞은 포르투갈어를 넣어 말해보세요.

1 나는 항상 6시에 일어난다.

    Eu sempre _____ seis.

2 나는 음악을 들으며 공부한다.

    Eu _____ _____ música.

3 은행은 우체국 앞에 있다.

    O _____ fica na _____ do _____.

4 주말에 뭐 할거니?

    O que você _____ no _____ de semana?

5 나는 널 파티에 초대하고 싶어.

    Eu quero _____ você _____ a festa.

09

Onde fica a estação de metrô?

DIÁLOGO

🎧 9-1

Beto:	Onde fica a estação de metrô?
	옹지 피까 아 이스따씨옹 지 메뜨로
Carina:	Você segue essa rua até o fim e vira à direita.
	보쎄 쎄기 에싸 후아 아떼 우 핑 이 비라 아 지레이따
	E depois, no segundo sinal você vira à esquerda e segue em frente.
	이 데뽀이스 누 쎄궁두 씨나우 보쎄 비라 아 이스께르다 이 쎄기 잉 프렌치
Beto:	Parece um pouco longe. Dá para ir a pé?
	빠레씨 웅 뽀꾸 롱지 다 빠라 이르 아 뻬
Carina:	Dá sim.
	다 씽
Beto:	Quanto tempo leva até lá?
	꽝뚜 뗑뿌 레바 아떼 라
Carina:	Leva uns 15 minutos.
	레바 웅스 낑지 미누뚜스

Beto: 지하철역이 어디 있어?

Carina: 이 거리 끝까지 가서 우회전해. 그리고나서 두번째 신호등에서 왼쪽 길을 타고 똑바로 가.

Beto: 조금 먼 것 같은데. 걸어서 갈 수 있어?

Carina: 응 그럼.

Beto: 거기까지 얼마나 걸려?

Carina: 한 15분쯤 걸려.

VOCABULÁRIO

estação 역

metrô 지하철

seguir 따라가다

rua 거리

até ~까지

fim 끝

virar 돌다

direita 오른쪽

esquerda 왼쪽

depois 다음에

sinal 신호등

pegar 타다

parecer ~처럼 보이다

longe 먼

dá 되다

a pé 걸어서

levar 시간이 걸리다

uns 대략

GRAMÁTICA

1 동사-직설법 과거미래

	동사원형 +	fazer	dizer	trazer
1인칭 단수	ia	faria	diria	traria
3인칭 단수	ia	faria	diria	traria
1인칭 복수	íamos	faríamos	diríamos	traríamos
3인칭 복수	iam	fariam	diriam	trariam

용법: 과거 시점에서 본 미래, 과거 · 현재 · 미래 사실의 추측, 완곡 어법, 현재 사실에 반
대되는 가정문의 주절에 사용

⊘ 구어체에서는 ir 불완전 과거형(ia, ia, íamos, iam) + 동사원형의 형태로도 사용된다.

1) Ele disse que viajaria para Lisboa. 그는 리스본으로 여행 갈 거라고 말했다.

2) Eu ajudaria ele, mas agora não dá. 나는 그를 도와주려고 했지만 지금은 안된다.

3) Seriam mais ou menos 2 horas quando eu cheguei em casa.
내가 집에 도착했을 땐 대략 2시였을 것이다.

4) Poderia falar com a Laura? 라우라와 통화할 수 있을까요?

5) Se eu tivesse muito dinheiro, compraria um prédio grande.
돈이 많이 있었다면 큰 건물을 하나 샀을 것이다.

2 목적격대명사

	직접목적격 (~를)	간접목적격 (~에게)
1인칭단수	me (나를)	me (나에게)
2인칭단수	te (너를)	te (너에게)
3인칭단수	o/a (당신을, 그를/그녀를)	lhe (당신에게, 그에게, 그녀에게)
1인칭복수	nos (우리를)	nos (우리에게)
3인칭복수	os/as (당신들을, 그들을/그녀들을)	lhes (당신들에게, 그들에게, 그녀들에게)

⊘ 주격인칭대명사와 달리 목적격대명사의 경우엔 2인칭단수 te의 형태도 자주 사용된다.

Eu te amo. = Eu amo você. 나는 너를 사랑한다.

⊘ 실제 회화에서는 3인칭 단수와 복수의 o/a, os/as, lhe, lhes 형태가 잘 사용되지 않고, '당신을, 그를, 그녀를'의 의미에는 인칭대명사 você, ele, ela를 그대로 사용하고, '당신에게, 그에게, 그녀에게'의 의미는 para você, para ele, para ela와 같이 표현한다.

Eu vi o menino. 나는 소년을 봤다.

Eu o vi. = Eu vi ele. 나는 그를 봤다.

Eu lhe dou um presente. 나는 너에게/그에게/그녀에게 선물을 준다.

Eu dou um presente para você. 나는 너에게 선물을 준다.

Eu dou um presente para ele. 나는 그에게 선물을 준다.

Eu dou um presente para ela. 나는 그녀에게 선물을 준다.

3 전치사 뒤의 목적격대명사

	일반전치사 뒤에서	전치사 com과 함께
1인칭단수	para mim (나에게)	comigo (나와 함께)
2인칭단수	para ti (너에게)	contigo (너와 함께)
3인칭단수	para você, para ele, para ela (당신에게, 그에게, 그녀에게)	com você, com ele, com ela (당신과 함께, 그와 함께, 그녀와 함께)
1인칭복수	para nós (우리에게)	conosco (우리와 함께)
3인칭복수	para vocês, para eles, para elas (당신들에게, 그들에게, 그녀들에게)	com vocês, com eles, com elas (당신들과 함께, 그들과 함께, 그녀들과 함께)

⊘ 대다수의 일반전치사(a, de, em, por, para, sobre 등) 뒤에 사용되는 목적격대명사는 1인칭단수 mim, 2인칭단수 ti의 형태를 사용하고 나머지는 주격인칭대명사 형태와 같다.

Me liga = Liga para mim. 내게 전화해.

⊘ 예외적으로 전치사 com은 1인칭 단수, 2인칭 단수, 1인칭 복수에서 결합형태로 사용한다.

Você pode jantar comigo? 너는 나와 함께 저녁 먹을 수 있니?

4 부정대명사(형용사)

긍정 의미	부정 의미
algum(a) 어떤	nenhum(a) 아무런
alguém 어떤 사람, 누군가	ninguém 아무도
tudo 모든 것, 다	nada 아무것도, 하나도

Aconteceu alguma coisa? 어떤 일이 일어났나요?

Não tem problema nenhum. 아무런 문제 없어요.

Alguém sabe falar inglês? 누군가 영어 할 줄 알아요?

Ninguém fala mal de você. 아무도 너에 대해 나쁘게 말하지 않아요.

Tudo vai dar certo. 다 잘 될 거예요.

Eu não comi quase nada. 나는 거의 아무 것도 못 먹었어요.

5 ficar동사의 활용

1) 머무르다

Eu vou ficar em casa o dia inteiro. 나는 하루 종일 집에 있을 거다.

2) 위치하다

A prefeitura fica no centro. 시청은 시내에 위치해 있다.

3) 상태표현

Eu fiquei triste após saber o sexo do bebê. 나는 아기의 성을 알고 나서 슬펐다.

4) ~이 되다.

Minha filha está ficando cada vez mais bonita. 내 딸은 점점 더 예뻐지고 있다.

5) 그 밖의 표현

Essa calça fica bem em mim. 이 바지는 내게 잘 맞는다.

A reunião fica para a próxima. 회의가 다음으로 연기된다.

Isso fica só entre nós. 이것은 우리 사이의 비밀이다.

Fica na tua. A minha vida não é tua. 너나 잘해. 내 인생은 네 것이 아니야.

Ele ficou sabendo de tudo. 그가 모든 것을 알아차렸다.

EXPRESSÃO

🎧 9-2

● 길을 찾고 안내할 때 쓰는 표현

Onde fica _____?	_____이(가) 어디 있어요?
a bilheteria	매표소
a estação de metrô	지하철역
o ponto de ônibus	버스정류장
o ponto de táxi	택시승강장
o banheiro	화장실
o hospital	병원
o parque	공원
a praça	광장
a ponte	다리
a faixa de pedestre	횡단보도
o posto de informação	안내소
o posto de gasolina	주유소

Vira à _____ na _____ rua.　　　_____ 길에서 _____ 턴하세요.

esquerda	primeira	첫번째	왼쪽으로
direita	segunda	두번째	오른쪽으로

Dobra à _____ no _____ sinal.　　　_____ 신호등에서 _____ 턴하세요.

esquerda	primeiro	첫번째	왼쪽으로
direita	segundo	두번째	오른쪽으로

Pega a _____ rua à _____　　　_____ 길 _____ 가세요.

primeira	esquerda	첫번째	왼쪽으로
segunda	direita	두번째	오른쪽으로

APLICAÇÃO

🎧 9-3

Segue em frente por essa rua.	이 길을 통해 똑바로 가.
Segue reto.	직진해.
Vira à esquerda no fim da rua.	길 끝에서 좌회전해.
Dobra à direita na rua Eça de Queiroz.	에싸지께이로스로에서 우회전해.
Entra na primeira à esquerda.	첫 번째 길 왼쪽으로 들어가.
Desce essa rua e pega a segunda à direita.	
	이 길을 내려가서 두 번째 길 오른쪽으로 가.
A primeira rua é contramão.	첫 번째 길은 진입금지야.
Passa a padaria no próximo quarteirão.	다음 블록에 있는 빵집을 지나가.
Será que tem algum banheiro aqui perto?	가까운데 화장실이 있을까요?
Fica ali no fundo.	저기 안쪽에 있어요.
Onde fica o shopping Praia de Belas?	쁘라이아지벨라스 쇼핑은 어디 있어요?
Nunca ouvi falar.	한번도 못 들어봤어요.
Pelo que eu saiba fica na avenida Ipiranga.	
	내가 알기론 이삐랑가 대로에 있어요.
Eu perdi o caminho. Estou perdido.	나는 길을 잃었어요.
Acho que é melhor pegar um táxi.	택시 타는게 낫겠다고 생각해요.
Você podia dar uma olhada nas nossas coisas?	
	우리 물건 좀 봐줄 수 있어요?

PRÁTICA ORAL

1 다음 구문을 ficar 동사 완전과거 변화형에 맞추어 포르투갈어로 말해보세요.

---

ficar sabendo de tudo 모든 것을 알아채다
ficar de olho nela 그녀에게 눈을 떼지 못하다
ficar grávida 임신하다
ficar rico/a 부자가 되다
ficar quieto/a 조용히 하다

Eu fiquei ....

Você ficou ....?

Ela/A gente ficou ....

Nós ficamos ....

Vocês ficaram ....?

Elas ficaram ....

2 다음 어휘로 fica a ~(~ 거리에 있다) 구문을 연습해 보세요.

---

quinhentos metros daqui 여기서 500 미터
cinquenta quilômetros de Seul 서울에서 50 킬로미터
20 minutos de ônibus 버스로 20분

Minha casa fica a ....

A escola fica a ....

Suwon fica a ....

O restaurante fica a ....

Meu escritório fica a ....

EXERCÍCIO

1 다음을 포르투갈어로 말해보세요.

1 A: 지하철역이 어디 있어? _____

B: 첫 번째 길에서 좌회전 해. _____

2 A: 걸어 갈 수 있어? _____

B: 한 15분쯤 걸려. _____

2 다음 빈칸에 알맞은 포르투갈어를 넣어 말해보세요.

1 이 길을 따라 똑바로 가.

_____ em _____ por essa _____

2 첫 번째 신호등에서 우회전해.

_____ à _____ no primeiro _____

3 두 번째 길에서 좌회전해.

_____ à _____ na segunda _____

4 매표소와 화장실이 어디 있지?

Onde fica a _____ e o _____?

5 거기까지 얼마나 걸려?

_____ tempo _____ até lá?

10

1호선을 타야 해요.

Você precisa pegar a linha 1.

DIÁLOGO

🎧 10-1

Beto: **Como faço para ir ao correio central?**
꼬무 파쑤 빠라 이르 아우 꼬헤이우 쎙뜨라우

Carina: **Você tem que pegar um ônibus com destino ao Centro.**
보쎄 뗑 끼 뻬가르 웅 오니부스 꽁 데스치누 아우 쎙뜨루

Alex: **Que linha preciso pegar para ir na estação Sé?**
끼 링야 쁘레씨주 뻬가르 빠라 이르 나 이스따써웅 쎄

Carina: **Você precisa pegar a linha 1.**
보쎄 쁘레씨자 뻬가르 아 링야 웅

Gabriela: **Para o Bom Retiro, por favor.**
빠라 우 봉 헤치루 뽀르 파보르

Motorista: **A senhora quer descer ali na esquina?**
아 씽요라 께르 데쎄르 알리 나 이스끼나

Gabriela: **Quero. Fique com o troco.**
께루 피끼 꽁 우 뜨로꾸

VOCABULÁRIO

como 어떻게

fazer 하다

ir 가다

correio 우체국

central 중앙의

ter que ~해야 한다

pegar 타다

destino 목적지

linha 선

precisar 필요하다

estação 역

descer 내리다

ali 저기

esquina 코너

troco 거스름돈

motorista 택시기사

Beto: 중앙우체국에 가려면 어떻게 하죠?
Carina: 쎙뜨루행 버스를 타야 해요.

Alex: 쎄역에 가려면 몇 호선을 타야 하죠?
Carina: 1호선을 타야 해요.

Gabriela: (택시에서) 봉헤치루 부탁해요.
Motorista: (몇 분 후) 저기 코너에서 내리실래요?
Gabriela: 예 (요금을 내며) 거스름돈은 가지세요.

GRAMÁTICA

1 동사-직설법 현재완료, 과거완료

	현재완료 (ter 현재형 + 과거분사)		과거완료 (ter 불완전과거형 + 과거분사)	
1인칭 단수	tenho		tinha	
3인칭 단수	tem	-ado -ido	tinha	-ado -ido
1인칭 복수	temos		tínhamos	
3인칭 복수	têm		tinham	

현재완료 용법: 과거에 시작하여 현재까지 지속한 일
과거완료 용법: 과거시점보다 이전에 발생한 일
– 완료형에 사용되는 과거분사는 성수변화를 하지 않는다.

1) Ultimamente tenho trabalhado muito. 나는 최근에 계속 일을 많이 했다.

2) Recentemente minha filha tem acordado cedo. 내 딸은 최근에 계속 일찍 일어났다.

3) Nós temos estudado muito para o exame nestes três últimos dias.
우리는 최근 3일간 시험을 위해 공부를 많이 했다.

4) Eu já tinha saído quando meu pai chegou aqui.
아빠가 여기 도착했을 때, 나는 이미 나갔었다.

5) Quando eu liguei, eles já tinham partido. 내가 전화했을 때, 그들은 이미 출발했었다.

6) Eu fui para Florianópolis de ônibus porque tinha vendido meu carro.
나는 내 차를 팔았기 때문에 버스로 플로리아노폴리스에 갔다.

2 접속법 현재형태를 사용한 명령

접속법 현재형은 você(s)에 대한 명령의 표현에 사용하며 공식적인 문서나 TV, 표지판 등의 광고에 자주 사용된다.

동사원형	1인칭단수 현재	상대방이 단수/복수	의미
parar	paro	pare / parem	멈춰요
beber	bebo	beba / bebam	마셔요
vir	venho	venha / venham	오세요

⊘ 형태는 직설법 1인칭단수 현재형에서 o를 빼고 -ar동사인 경우엔 −e(상대방이 단수)
나 -em(상대방이 복수), -er나 -ir동사인 경우엔 -a(상대방이 단수)나 -am(상대방이 복
수)을 붙임.

접속법 현재 불규칙형태

동사원형	의미	상대방이 단수/복수
ser	이다	seja/sejam
estar	있다, 상태표현	esteja/estejam
ir	가다	vá/vão
dar	주다	dê/deem
saber	알다	saiba/saibam
querer	원하다	queira/queiram
haver	~가 있다	haja/hajam

3 por favor의 활용

por favor는 '부탁합니다(please)'의 의미이다. 정확한 구문을 말하지 못하더라도, 적합한
단어와 적당한 동작에 por favor 라고 말해주면 부탁하는 의사소통이 가능하다.

① 택시에서 주소를 보여주며   por favor. 이 주소로 가 주세요
② 음식을 가리키며   por favor. 이것으로 갖다 주세요
③ 상품을 가리키며   por favor. 이것을 보여주세요
④ 사람에게 자리를 가리키며   por favor. 여기 앉으세요
⑤ 지도를 가리키며   por favor. 여기 가는 길 좀 알려주세요

4 각종 표지판

일방통행	Mão única	역방향(진입금지)	Contramão
U턴	Retorno	멈춤	Pare
입구	Entrada	출구	Saída
비상구	Saída de emergência	들어오기 전에 노크하세요	Bata na porta antes de entrar
당기시오	Puxe	미시오	Empurre
화장실	Banheiro, Sanitário	만원	Lotado
숙녀용	Mulheres, Damas	신사용	Homens, Cavalheiros
사용 중	Ocupado	비어 있음	Livre
열림	Aberto	닫힘	Fechado
바겐세일	Liquidação	정숙	Silêncio
공고	Aviso	주의	Atenção
위험	Perigo	조심	Cuidado
공사 중	Em obras	사용중지	Fora de uso
잔디를 밟지 마세요	Não pise a grama	CCTV 촬영 중	Sorria! Você está sendo filmado
개조심	Cuidado! Cão bravo	버튼을 누르고 기다리세요	Aperte o botão e aguarde
흡연금지	Proibido fumar	출입금지	Proibido entrar, Entrada proibida
수영금지	Proibido nadar	촬영금지	Proibido filmar ou fotografar
휴대폰사용금지	Proibido usar celular, Proibido o uso de celular		

95

EXPRESSÃO

🎧 10-2

1 교통수단 말할 때 쓰는 표현

Como você vai ao trabalho?	직장에 어떻게 가나요?
Eu vou _____	_____ 갑니다.
de carro	자동차로
de ônibus	버스로
de metrô	지하철로
de táxi	택시로
de avião	비행기로
de trem	기차로
de navio	배로
de bicicleta	자전거로
de carona	무임승차로
a pé	걸어서
a cavalo	말을 타고

2 소유주가 있는 교통수단에 쓰는 표현

Eu vou _____	_____ 갑니다.
no meu carro	내 차로
no carro do Marco	마르꾸의 차로
no ônibus da empresa	회사 버스로
no avião da Gol	Gol 항공사 비행기로
na minha bicicleta	내 자전거로
na minha moto	내 오토바이로

3 택시, 버스, 지하철 관련 필수 어휘

택시 승강장 ponto de táxi	택시 부르다 chamar um táxi
타다 pegar, tomar	요금 tarifa
기본요금 tarifa mínima	할증표시 bandeira
비어 있는 livre	타고 있는 ocupado
거스름돈 troco	

버스 정류장 ponto de ônibus, parada de ônibus

종점 ponto final　　　　　　　요금 tarifa

요금 징수원 cobrador(a)　　　　타다 pegar, tomar

버스에 오르다 subir no ônibus　버스에서 내리다 descer do ônibus

지하철역 estação de metrô　　　플랫폼 plataforma

탑승, 타는 곳 embarque　　　　내리는 곳 desembarque

매표소 bilheteria　　　　　　　편도표 bilhete unitário

왕복표 bilhete de ida e volta　　환승 baldeação, transferência

입구 entrada　　　　　　　　　출구 saída

APLICAÇÃO　　　　　　　　　　　　🎧 10-3

Não quero perder o ônibus das seis.　6시 버스를 놓치고 싶지 않아.

O ônibus das sete está sempre lotado.　7시 버스는 항상 만원이야.

A gente se sente como sardinha em lata.　우린 정어리 통조림처럼 느껴져. 너무 꽉 껴.

Esse ônibus passa pela avenida Paulista?　이 버스가 빠울리스따 대로를 지나가나요?

Esse ônibus para em frente ao hotel Hilton?

　　　　　　　　　　　　　　　　이 버스는 힐튼호텔 앞에 서나요?

Peça ao cobrador para descer no correio.

　　　　　　　　　　　　　　　　우체국에서 내려 달라고 요금 받는 분께
　　　　　　　　　　　　　　　　요청하세요.

Me avise quando chegar ao correio.　우체국에 도착할 때 내게 알려주세요.

Onde fica a bilheteria?　　　　　매표소가 어디 있어요?

Pode chamar um táxi para mim?　내게 택시 한대 불러줄 수 있어요?

Cadê o ponto de táxi?　　　　　택시 승차장이 어디예요?

Me leve para este endereço, por favor.　이 주소로 가 주세요.

Quanto tempo leva até o aeroporto?　공항까지 얼마나 걸려요?

Me deixe descer ali na faixa de pedestre.　저기 횡단보도에서 내릴게요.

Eu queria alugar um carro.　　　차 한 대 렌트하고 싶어요.

Preciso colocar gasolina no carro.　차에 기름을 넣어야 해요.

Posso estacionar o carro aqui?　여기에 차를 주차해도 되나요?

PRÁTICA ORAL

● 다음 교통수단을 ir 동사와 vir 동사 현재, 완전과거, 불완전과거 변화형에 맞추어
포르투갈어로 말해보세요.

---
de carro / de ônibus / de metrô / de táxi / de avião /

de trem / de navio / de bicicleta / de carona / a pé /

no meu carro / no ônibus da empresa / na minha bicicleta

| 현재 |

Eu vou (venho) ---------------------------------- ~로 간다. (~로 온다.)

Você vai (vem) ----------------------------?

Ele/Ela/A gente vai (vem) ----------------------

Nós vamos (vimos) -----------------------------

Vocês vão (vêm) --------------------------?

Eles/Elas vão (vêm)------------------------

| 완전과거 |

Eu fui (vim) --------------------------------- ~로 갔다. (~로 왔다.)

Você foi (veio) ---------------------------?

Ele/Ela/A gente foi (veio) ------------------

Nós fomos (viemos) -----------------------

Vocês foram (vieram) --------------------?

Eles/Elas foram (vieram) ------------------

| 불완전과거 |

Eu ia (vinha) ---------------------------------- ~로 가곤 했다. (~로 오곤 했다.)

Você ia (vinha) ---------------------------?

Ele/Ela/A gente ia (vinha) ------------------

Nós íamos (vínhamos) --------------------

Vocês iam (vinham) ----------------------?

Eles/Elas iam (vinham) -------------------

EXERCÍCIO

① 다음을 포르투갈어로 말해보세요.

1   A: 중앙 우체국에 가려면 어떻게 하죠?

B: 쎙뜨루행 버스를 타야 해요. --------------------------------------

2   A: 쎄역에 가려면 몇 호선을 타야 하죠?

B: 1호선을 타야 해요. ---

② 다음 빈칸에 알맞은 포르투갈어를 넣어 말해보세요.

1   나는 직장에 지하철로 간다.

Eu vou ao _____ de _____

2   나는 회사 버스로 간다.

Eu vou _____ da empresa.

3   내게 택시 한 대 불러줄 수 있어요?

Pode _____ um _____ para _____ ?

4   저기 코너에서 내릴게요.

Me _____ ali na _____

5   거스름돈은 가지세요.

O senhor pode _____ o _____

식당 예약 예약을 하고 싶어요.
Eu queria fazer uma reserva.

DIÁLOGO   🎧 11-1

Carina: Que tal experimentar uma comida típica?

Beto: Então, você poderia me recomendar uma churrascaria?

Carina: Eu conheço uma boa churrascaria aqui perto.

Beto: Ah é? Eu queria fazer uma reserva.

Carina: Para que horas?

Beto: Para as 8 da noite. Vamos sentar perto da janela.

Carina: 전통 음식을 먹어보는 게 어때?

Beto: 그럼 슈하스까리아를 좀 추천해 줄 수 있어?

Carina: 여기 주변이 있는 좋은 슈하스까리아를 한군데 알고 있어.

Beto: 아 그래? 예약하고 싶어.

Carina: 몇 시로?

Beto: 저녁 8시로. 창가로 앉자.

VOCABULÁRIO

que tal ~하는 게 어때?

experimentar 먹어보다

comida 음식

típico/a 전통의

recomendar 추천하다

churrascaria
슈하스까리아, 슈하스꾸식당

conhecer (가봐서) 알다

reserva 예약

mesa 테이블

pessoa 사람

perto de ~가까이에

janela 창문

GRAMÁTICA

1 명사와 형용사의 성

*기본적으로 -o로 끝나면 남성, -a로 끝나면 여성

남성: o carro (차), o dinheiro (돈), o livro (책), o dicionário (사전), o banco (은행)

여성: a casa (집), a porta (문), a cama (침대), a cadeira (의자), a mesa (탁자)

예외: o dia (하루), o mapa (지도), o clima (기후), o problema (문제), o sistema (시스템)

*남성명사에 근거한 여성명사의 형태

1) -o를 -a로 바꾸거나 -a를 붙이는 것

    o filho – a filha 아들/딸

    o professor – a professora 남자교수/여자교수

    o japonês – a japonesa 일본남자/일본여자

2) -ão은 -ã, -oa, -ona 세가지 형태

    o irmão – a irmã 형제/자매

    o campeão – a campeã 남자챔피언/여자챔피언

    o patrão – a patroa 남자주인/여자주인

    o leão – a leoa 숫사자/암사자

    o solteirão – a solteirona 노총각/노처녀

    o comilão – a comilona 남자식신/여자식신

3) 뿌리는 같으나 약간 변형된 것

    o ator – a atriz 남자배우/여자배우

    o rei – a rainha 왕/여왕

4) 뿌리가 완전히 다른 것

    o homem – a mulher 남자/여자

    o genro – a nora 사위/며느리

    o boi – a vaca 황소/암소

5) 남성과 여성 형태가 동일한 것

    o estudante – a estudante 남학생/여학생

    o cliente – a cliente 남자고객/여자고객

    o gerente – a gerente 남자매니저/여자매니저

    o dentista – a dentista 남자치과의사/여자치과의사

    o jornalista – a jornalista 남자기자/여자기자

    o artista – a artista 남자예술가/여자예술가

2 정관사와 부정관사

1) 정관사는 명백한 지시대상, 유일한 지시대상, 지시적 사용, 재언급할 때, 뒤에서 수식할 때, 지정된 지명 등의 환경에서 사용한다.

	단수	복수
남성	o	os
여성	a	as

2) 부정관사 단수형은 '하나의, 어떤', 복수형은 '몇몇의'라는 의미.

	단수	복수
남성	um	uns
여성	uma	umas

3 saber동사와 conhecer동사의 비교

1) saber: (개념적으로, 정보를, 기술을) 알다

Eu sei quem é o presidente do Brasil. 나는 브라질 대통령이 누구인지 안다.

Eu sei onde ela mora. 나는 그녀가 어디에 사는 지 안다.

Ela não sabe por que a filha dela está chorando. 그녀는 왜 딸이 울고 있는 지 모른다.

Eu sei falar português. 나는 포르투갈어를 할 줄 안다.

Eu sei jogar bilhar. 나는 당구 칠 줄 안다.

Eu sei tocar piano. 나는 피아노 칠 줄 안다.

Você sabe cozinhar? 너는 요리할 줄 아니?

Você sabe andar a cavalo? 너는 말을 탈 줄 아니?

Você sabe consertar TV? 너는 TV를 고칠 줄 아니?

Você sabe trocar pneu? 너는 타이어를 교체할 줄 아니?

Você sabe dirigir caminhão? 너는 트럭을 운전할 줄 아니?

2) conhecer: (경험을 통해, 만나봐서, 가봐서) 알다

Eu conheço a Viviane. 나는 비비아니를 (만나봐서) 안다.

Eu conheço um restaurante chinês aqui perto.
나는 이 주변의 중국식당을 (가봐서) 안다.

Eu conheço esse livro. 나는 이 책을 잘 안다.

4 **Vamos의 활용**

1) **Vamos! (Let's go!)**

Vamos (lá)! 가자!

Vamos para São Paulo! 상파울루로 가자!

2) **Vamos + 동사원형 (Let's ~)**

Vamos jantar naquele restaurante ali? 저기 저 레스토랑에서 저녁 먹을까?

Vamos viajar juntos! 함께 여행가자!

EXPRESSÃO

🎧 11-2

1 **소스, 스프 종류 물어볼 때 쓰는 표현**

Aqui tem molho de _____?	_____ 소스 있어요?
cogumelo	버섯
tomate	토마토
pimentão	피망

Aqui tem sopa de _____?	_____ 스프 있어요?
milho	옥수수
cebola	양파
espinafre	시금치
frutos do mar	해산물
ervilha	완두콩

2 **식당 관련 필수 어휘**

메뉴판 cardápio, menu	전채요리 entrada	애피타이저 aperitivo
식사 refeição	뷔페 bufê	단품요리 prato à la carte
숟가락 colher	포크 garfo	칼 faca
식기세트(숟가락+포크+칼) talher	접시 prato	컵 copo
잔 xícara	냅킨 guardanapo	팁 gorjeta
요금 preço	계산서 conta	영수증 recibo

103

③ 식품 관련 필수 어휘

쌀 arroz	콩 feijão	면 macarrão
빵 pão	옥수수 milho	계란 ovo
계란후라이 ovo frito	삶은계란 ovo cozido	스크램블 ovo mexido
메추리알 ovo de codorna	포르투갈식 소시지 linguiça	소시지 salsicha
햄 presunto	치즈 queijo	크림치즈 requeijão
참치 atum	버터 manteiga	잼 geleia
케첩 ketchup	토마토 tomate	상추 alface
버섯 cogumelo	감자 batata	양파 cebola
당근 cenoura	파 cebolinha	무 nabo
배추 acelga	양배추 repolho	오이 pepino
피망 pimentão	비트 beterraba	식초 vinagre
머스타드 mostarda	마늘 alho	기름 óleo
설탕 açúcar	소금 sal	팝콘 pipoca

APLICAÇÃO

Poderia me recomendar um restaurante chinês?

중식당 한군데 추천해 주실 수 있어요?

Eu quero conhecer um restaurante típico da região.

이 지역의 전통식당을 가보고 싶어요.

Eu prefiro um restaurante não tão caro. 너무 비싸지 않은 식당이 좋겠어요.

Vamos comer nessa lanchonete. 이 스낵바에서 먹자.

Agora só quero comer uma coisa leve. 지금은 그냥 가벼운 걸로 하나 먹고 싶어요.

Eu estou de regime. 나는 다이어트 중이에요.

A que horas fecha o restaurante? 식당은 몇 시에 닫아요?

Eu queria fazer uma reserva para o domingo às sete.

일요일 7시로 예약하고 싶어요.

Está reservado. São três pessoas para as sete da noite.

예약되었어요. 저녁 7시에 3명이요.

Tem estacionamento no restaurante? 식당에 주차장이 있나요?

Eu fiz uma reserva em nome de Ricardo. 히까르두의 이름으로 예약했어요.

Tem mesa para quatro pessoas? 4인용 자리 있어요?

Podemos nos sentar numa mesa com vista para o mar?

바다 전망의 테이블에 앉을 수 있어요?

Quem quebrou minha garrafa de bebida? 누가 내 (술)병을 깼니?

- Desculpe! Foi sem querer. 죄송해요. 고의가 아니었어요.

- A Priscila quebrou de propósito. 쁘리실라가 일부러 깼어요.

PRÁTICA ORAL

● 다음 하루 일과에 자주 사용하는 구문을 현재, 완전과거 변화형에 맞추어
포르투갈어로 말해보세요.

---

levantar-se 일어나다 / tomar café da manhã 아침식사 하다

lavar o rosto 세수하다 / escovar os dentes 양치질하다

vestir-se 옷 입다 / colocar a camisa 와이셔츠를 입다

ir ao trabalho 직장에 가다 / pegar ônibus e metrô 버스와 지하철을 타다

trabalhar das nove às seis 9시부터 6시까지 일하다 / almoçar 점심식사 하다

tomar café 커피 마시다 / fazer um relatório 보고서를 만들다

jantar 저녁식사 하다 / beber com meus colegas 동료들과 술 마시다

ir a uma festa 어떤 파티에 가다 / voltar para casa 귀가하다

tomar banho 샤워하다 / assistir TV TV 보다

ler livros 책 읽다 / ouvir música 음악을 듣다

conversar com minha esposa 아내와 얘기하다 / dormir 자다

| 현재 | Normalmente ～   일반적으로 ～

Eu ....

Você .... ?

Ele/Ela/A gente ....

Nós ....

Vocês .... ?

Eles/Elas ....

| 완전과거 | Ontem ～   어제 ～

Eu ....

Você .... ?

Ele/Ela/A gente ....

Nós ....

Vocês .... ?

Eles/Elas ....

EXERCÍCIO

1 다음을 포르투갈어로 말해보세요.

1 A: 전통음식을 먹어보는 게 어때요?

   B: 슈하스까리아를 추천해 줄 수 있어요?

   ----

2 A: 8시로 예약을 하고 싶어요.

   B: 창가로 앉고 싶어요.

   ----

2 다음 빈칸에 알맞은 포르투갈어를 넣어 말해보세요.

1 일식당 한군데 추천해 주실 수 있어요?

   Poderia me _____ um restaurante _____?

2 식당은 몇 시에 닫아요?

   A que _____ _____ o restaurante?

3 저 스낵바에서 먹자.

   _____ comer naquela _____

4 알리니의 이름으로 예약했어요

   Eu _____ uma reserva _____ nome de Aline.

5 나는 요리할 줄 몰라요.

   Eu não _____ _____

107

12

식당 주문 무엇을 주문하시겠습니까?

O que gostaria de pedir?

DIÁLOGO

🎧 12-1

Beto:	O cardápio, por favor.
Garçom:	Sim senhor. Aqui está. O que gostaria de pedir?
Beto:	Deixa eu ver... Eu queria arroz, frango e salada mista.
Carina:	Eu quero um bife acebolado.
Garçom:	Como a senhora quer o seu bife? Bem passado, ao ponto ou malpassado?
Carina:	Ao ponto, por favor.
Garçom:	E para beber?
Beto:	Para mim um chope bem gelado.
Carina:	Eu prefiro um guaraná zero.

Beto:	메뉴판 부탁합니다.
Garçom:	예 손님. 여기 있습니다. 무엇을 주문 하시겠습니까?
Beto:	한번 보구요.... 저는 밥, 치킨, 모듬샐러드를 원합니다.
Carina:	저는 양파를 얹은 스테이크 하나요.
Garçom:	스테이크 굽기는요? 웰던, 미디움, 아님 레어 중에요?
Carina:	미디움으로 부탁해요.
Garçom:	마실건요?
Beto:	저에게는 아주 찬 생맥주 한잔이요.
Carina:	저는 과라나 제로가 좋겠어요.

VOCABULÁRIO

cardápio 메뉴판

pedir 주문하다

deixar 놔두다

bife 스테이크

acebolado/a 양파를 얹은

salada 샐러드

misto/a 혼합된

bem 아주, 잘

passado 구운

ao ponto 미디움

ou 또는

malpassado 레어

beber 마시다

chope 생맥주

gelado 차가운

garçom 웨이터

GRAMÁTICA

1 명사와 형용사의 수

단수에서 복수 만드는 법

1) 일반적인 원칙: **-s**를 붙인다.

o carro – os carros 차/차들

o pai – os pais 아버지/부모

pequeno – pequenos 작은

2) **-m**으로 끝난 어휘는 **-ns**로 바꾼다.

o homem – os homens 남자/남자들

o jovem – os jovens 젊은이/젊은이들

o álbum – os álbuns 앨범/앨범들

3) **-r, -z**로 끝난 어휘엔 **-es**를 붙인다.

a mulher – as mulheres 여자/여자들

melhor – melhores 더 좋은

feliz – felizes 행복한

4) **-s**로 끝난 음절에 강세가 있는 어휘엔 **-es**를 붙이고 강세를 제거한다.

o mês – os meses 월/월들

o japonês – os japoneses 일본인/일본인들

o freguês – os fregueses 손님/손님들

5) 강세 없는 **-s**로 끝난 어휘는 단수, 복수 동형이다.

o ônibus – os ônibus 버스/버스들

o lápis – os lápis 연필/연필들

simples – simples 단순한

6) **-al, -el, -ol, -ul**로 끝난 어휘는 **-l**이 **-is**로 변한다.

o animal – os animais 동물/동물들

o móvel – os móveis 가구/가구들

azul – azuis 파란

7) **-il**로 끝난 어휘는 **-l**이 **-s**로 변한다.

o funil – os funis 깔때기/깔대기들

gentil – gentis 친절한

8) 강세 없는 -il로 끝난 어휘는 -eis로 변한다.

o réptil – os répteis 파충류/파충류들

hábil – hábeis 능력 있는

fácil – fáceis 쉬운

9) -ão으로 끝난 어휘는 -ãos, -ães, ões 세가지 형태로 변한다.

o irmão – os irmãos 형제/형제들   a mão – as mãos 손/손들

o pão – os pães 빵/빵들   o alemão – os alemães 독일인/독일인들

o botão – os botões 버튼/버튼들   a lição – as lições (교과서의) 과/과들

2 preferir동사의 활용

preferir A (a B) : (B보다) A를 선호하다

Eu prefiro carne a peixe. 나는 생선보다 고기를 선호한다.

Eu prefiro praia a montanha. 나는 산보다 해변을 선호한다.

⊘ 이 구문은 비교대상 없이도 쓸 수 있다.

Eu prefiro viajar de avião. 나는 비행기로 여행하는 걸 선호한다.

Eu prefiro tomar cerveja. 나는 맥주 마시는 걸 선호한다.

⊘ 구어체에서는 a 대신 발음상 명확한 do que를 문법적으로 틀린 형태지만 사용하기도 한다.

Eu prefiro carne do que peixe. 생선보다 고기를 선호한다.

⊘ 의미상 유사한 다른 형태로 바꿔 쓸 수도 있다.

Eu prefiro carne em vez de peixe. 생선 대신에 고기를 선호한다.

3 사역동사의 활용

1) 사역동사 deixar ~ V : ~가 V 하도록 놔두다

Deixa eu ver. 내가 보도록 놔둬. 내가 한번 볼게.

Deixa eu verificar. 내가 확인하도록 놔둬. 내가 확인해 볼게.

Deixa eu me apresentar. 내가 날 소개하도록 놔둬. 내 소개할게.

Vou deixar a vida me levar. 삶이 나를 인도하는대로 놔두겠다.

Não vou deixar você beber mais. 네가 더 마시게 놔두지 않겠다.

2) 사역동사 fazer ～ V : ～가 V 하도록 만들다

Ele me fez morrer de rir. 그는 내가 웃겨 죽을 정도로 만들었다.

Não vou fazer você chorar. 나는 네가 울도록 만들지 않겠다.

3) 사역동사 mandar ～ V : ～가 V 하도록 시키다

Eu mandei ele sair da sala de aula. 나는 그가 교실에서 나가도록 시켰다.

Vou mandar ela parar. 나는 그녀가 멈추도록 시킬 것이다.

EXPRESSÃO

🎧 12-2

1 스테이크 관련 표현

Eu gosto de bife ....   나는 .... 스테이크를 좋아한다.

bem passado	웰던
ao ponto	미디움
malpassado	(미디움)레어
grelhado	그릴에 구운
assado	직화로 구운
acebolado	양파를 얹은

2 음식 관련 필수 어휘

브라질식바베큐 churrasco	안심 filé-mignon	등심 picanha
채끝 등심 contrafilé	갈비 costela	스테이크 bife
쇠고기 carne de vaca, carne bovina		
돼지고기 carne de porco, carne suína		
닭고기 frango	닭 심장 coração	양고기 carneiro
칠면조 peru	생선 peixe	대구 bacalhau
가재 lagosta	새우 camarão	게 caranguejo
연어 salmão	굴 ostra	초밥 sushi
피자 pizza	스파게티 espaguete	샐러드 salada
라면 miojo	왕군만두 pastel	

3 음료 관련 필수 어휘

생수 água mineral	탄산수 água com gás	토닉워터 água tônica
커피 café, cafezinho	까페라떼 café com leite	우유 leite
핫초코 chocolate quente	홍차 chá preto	녹차 chá verde
마떼차 chá mate	주스 suco	탄산음료 refrigerante
과라나 guaraná	콜라 coca, pepsi	스프라이트 sprite
맥주 cerveja	생맥주 chope	포도주 vinho
위스키 uísque	칵테일 coquetel	까샤싸 cachaça
까이삐링야 caipirinha	까이삐로스까 caipirosca	

4 과일 관련 필수 어휘

과일 fruta	오렌지 laranja	파인애플 abacaxi
사과 maçã	배 pera	복숭아 pêssego
레몬, 라임 limão	딸기 morango	포도 uva
수박 melancia	파파야 mamão	망고 manga
메론 melão	귤 tangerina, mexerica	바나나 banana
코코넛 coco	무화과 figo	자두 ameixa
체리 cereja	감 caqui	아보카도 abacate

APLICAÇÃO

Gostaria de pedir um aperitivo antes da refeição.

식사 전에 애피타이저를 주문하고 싶어요.

Gostaria de comer um X-salada.　　쉬스(브라질식 치즈버거) 하나 먹고 싶어요.

Vou querer isso mesmo.　　바로 이걸로 할게요.

Vou querer o mesmo prato.　　같은 음식으로 할게요.

Já estou com água na boca.　　벌써 입에 침이 고이네요.

O senhor gostaria de mais alguma coisa?

더 필요하신 거 있으세요?

Por enquanto não.　　당분간은 없어요.

O bife está mal passado.　　스테이크가 잘 안 구워 졌어요.

Isso está muito salgado.　　이것은 너무 짜요.

Isso não é o que pedi.　　이것은 제가 주문한 것이 아니에요.

Qual sobremesa o senhor mais gosta? 어떤 디저트를 더 좋아하세요?

Gostaria de tomar um sorvete.　　아이스크림을 먹고 싶어요.

Qual sabor? Morango, baunilha ou chocolate?

어떤 맛? 딸기, 바닐라 아님 초콜릿?

Você é que sabe. Para mim tanto faz. 네가 알지. 나는 뭐든 상관없어.

Estou satisfeito/a.　　(배부르게) 잘 먹었어요.

Não consigo comer mais nada.　　더 이상은 못 먹겠어요.

Poderia trazer a conta?　　계산서 갖다 주시겠어요?

Deixa eu pagar.　　내가 계산할게요.

Vamos rachar/dividir a conta.　　나눠서 냅시다.

Pode deixar que hoje é por minha conta.

오늘은 내가 쏠게요.

PRÁTICA ORAL

1 다음 구문을 tomar 동사 완전과거 변화형에 맞추어 포르투갈어로 말해보세요.

---

tomar banho antes de dormir 자기 전에 샤워하다
tomar conta do meu sobrinho 내 조카를 돌보다
tomar um remédio para gripe 감기약을 복용하다
tomar uma injeção 주사를 맞다
tomar uma decisão certa 옳은 결정을 하다

Eu tomei _____

Você tomou _____?

Ele/Ela/A gente tomou _____

Nós tomamos _____

Vocês tomaram _____?

Eles/Elas tomaram _____

2 다음 어휘를 넣어 식당 주문시 사용하는 tomar ~ 구문을 연습해 보세요.

água mineral sem gás 생수 / água tônica 토닉워터
chope bem gelado 아주 찬 생맥주 / cerveja bem gelada 아주 찬 맥주
aperitivo 애피타이저 / caipirinha 까이삐리냐 / caipirosca 까이삐로스까
vinho 포도주 / suco de laranja 오렌지주스 / suco de maracujá 마라꾸자 주스
guaraná zero com gelo e laranja 과라나 제로 (얼음, 오렌지 함께)
coca com gelo e limão 코카콜라 (얼음, 라임 함께)
sorvete de morango 딸기 아이스크림 / sorvete de manga 망고 아이스크림

O que o senhor vai tomar?

- Eu vou tomar _____

O que a senhora quer tomar?

- Eu quero tomar _____

E para beber? E a bebida?

- Eu prefiro tomar _____

EXERCÍCIO

1 다음을 포르투갈어로 말해보세요.

1　A: 메뉴판 부탁합니다.　＿＿＿＿＿＿＿＿＿＿＿＿＿

　　B: 무엇을 주문 하시겠습니까?　＿＿＿＿＿＿＿＿＿＿＿

2　A: 마실 건요?　＿＿＿＿＿＿＿＿＿＿＿＿

　　B: 저에게는 아주 찬 생맥주 한잔이요.

　　＿＿＿＿＿＿＿＿＿＿＿＿＿＿＿＿＿＿＿＿

2 다음 빈칸에 알맞은 포르투갈어를 넣어 말해보세요.

1　애피타이저를 주문하고 싶어요.

　　Gostaria de ＿＿＿＿ um ＿＿＿＿＿

2　저는 양파를 얹은 스테이크 하나를 원해요.

　　Eu quero um ＿＿＿ ＿＿＿＿

3　웰던, 미디움, 아님 레어 중에요?

　　Bem passado, ＿＿＿ ou ＿＿＿?

4　같은 음식으로 할게요.

　　Vou querer o ＿＿＿ ＿＿＿

5　이것은 제가 주문한 것이 아니에요.

　　Isso não é ＿＿ eu ＿＿＿

쇼핑 · 이 파란색 입어볼 수 있을까요?

Posso provar essa azul?

DIÁLOGO

🎧 13-1

Beto:	Eu queria ver uma camiseta.
Vendedora:	Sim senhor. Qual é o seu tamanho?
Beto:	Acho que é "P". Posso provar essa azul?
Vendedora:	Claro. O provador fica ali.
Beto:	Moça, essa está um pouco apertada. Tem uma maior?
Vendedora:	Tem sim. Essa vermelha é "M".
Beto:	Então, vou levar essa.
Vendedora:	Gostaria de mais alguma coisa?
Beto:	Não obrigado.

Beto:	티셔츠 좀 보고 싶어요
Vendedora:	예 손님. 사이즈가 어떻게 되세요?
Beto:	스몰이에요. 이 파란색 입어볼 수 있을까요?
Vendedora:	피팅 룸은 저기 있어요.
Beto:	(잠시 후) 아가씨, 이건 조금 타이트한데요. 더 큰 것 있어요?
Vendedora:	예 있죠. 이 빨간 색이 미디움이에요.
Beto:	그럼 이걸로 가져 갈게요.
Vendedora:	더 필요한 거 있으세요?
Beto:	아니요 괜찮습니다.

VOCABULÁRIO

camiseta 티셔츠

tamanho 사이즈

provar 입어보다

azul 파랑

provador 피팅룸

apertado/a 타이트한

maior 더 큰

vermelho/a 빨강

levar 가져가다

mais 더

alguma 어떤

coisa 사물, 것

vendedor(a) 판매원

GRAMÁTICA

1 전치사

1) a

① ~로(이동) Você precisa ir ao médico. 너는 의사에게 갈 필요가 있다.

② ~에(시간) Eu tenho aula às nove horas. 나는 9시에 수업이 있다.

③ 대(對) O Twins ganhou o jogo por cinco a um. 트윈스가 5대 1로 경기를 이겼다.

2) de

① ~의 Ele é pai do Daniel. 그는 다니엘의 아버지이다.

② ~로부터 Eu vim da Coreia. 나는 한국으로부터 왔다.

③ ~에 대해 Já ouvi falar muito de você. 이미 당신에 대해 많이 들었다.

④ ~로 인해(원인) Eu estou morrendo de sede. 나는 목말라 죽겠다.

⑤ ~로(교통수단) Ele vai à escola de ônibus. 그는 버스로 학교에 간다.

3) em

① ~에(장소) Eu estou em casa com minha esposa. 나는 아내와 집에 있다.

② ~에(때) Vamos à praia em janeiro. 1월에 해변에 갑시다.

③ ~로(소유주 있는 교통수단) Eu vou ao trabalho no meu carro.
나는 내 차로 직장에 간다.

4) por

① ~동안(기간) Eu vou permanecer no Rio por 4 anos. 나는 4년간 리우에 체류할 것이다.

② ~때문에(원인) Obrigado por tudo. 여러모로 고마워.

③ ~에 의해(행위자) Este livro foi escrito pelo Dr. Kim. 이 책은 김박사에 의해 쓰여졌다.

④ ~당(단위) Eu vou ao cinema uma vez por semana. 나는 일주일에 한번 영화관에 간다.

⑤ ~통해 O ônibus passa pela Av. Paulista. 버스는 빠울리스따대로를 지나간다.

⑥ ~경(시간) O meu filho voltou lá pelas onze. 아들은 11시경에 돌아왔다.

⑦ ~쯤(장소) O prédio fica por aí. 건물은 거기쯤 있다.

5) para

① ~로(이동) Eu volto para casa. 나는 집으로 돌아간다.

② ~에게(사람) Liga para ela. 그녀에게 전화해.

③ ~위해(목적) Ele foi ao shopping para comprar um presente.
그는 선물을 사러 쇼핑센터에 갔다.

6) sobre

① ~위에 O livro está sobre a mesa. 책은 탁자 위에 있다.

② ~에 대해 Eu quero falar um pouco sobre isso. 그것에 대해 조금 얘기하고 싶다.

7) com ～함께

Eu vou beber com ela. 그녀와 함께 술 마실 거야.

8) sem ～없이

Não posso viver sem você. 너 없이는 살 수 없다.

9) entre ～사이에

Estou sentado entre a Ana e a Maria. 나는 아나와 마리아 사이에 앉아있다.

10) até ～까지

Eu vou correr até a sua casa. 네 집까지 뛰어 갈게.

11) sob ～하에

Ele está estudando sob a minha orientação. 그는 내 지도하에 공부하고 있다.

12) desde ～이래로

Eu moro aqui desde 2015. 나는 2015년 이래로 여기에 살고 있다.

13) contra ～반하여

O Brasil joga contra a Alemanha. 브라질이 독일에 대항하여 경기한다.

14) exceto ～제외하고

Meus amigos estão aqui, exceto o Alex. 내 친구들은 알렉스를 제외하고 여기에 있다.

15) após ～후에

Tome este remédio após o almoço. 점심식사 후에 이 약을 복용하세요.

② 비교급

1) 우등비교 (A는 B 보다 더 ～하다)

A 동사 mais (do) que B.
A 동사 mais 명사/형용사/부사 (do) que B.

Ela come mais (do) que você. 그녀는 너보다 더 먹는다.
Ele é mais alto (do) que ela. 그는 그녀보다 키가 더 크다.

2) 열등비교 (A는 B 보다 덜 ～하다)

A 동사 menos (do) que B.
A 동사 menos 명사/형용사/부사 (do) que B.

Ele fala menos (do) que a esposa dele. 그는 그의 아내보다 덜 말한다.

Ela tomou menos sorvete (do) que eu. 그녀는 나보다 아이스크림을 덜 먹었다.

3) 형용사와 부사의 불규칙 비교급 형태

형용사	부사	비교급
bom / boa 좋은	bem 잘, 좋게	melhor 더 좋은 melhor 더 잘, 더 좋게
mau / má / ruim 나쁜	mal 잘못, 나쁘게	pior 더 나쁜 pior 더 못, 더 나쁘게
grande 큰 pequeno/a 작은		maior 더 큰 menor 더 작은

Essa pizzaria é melhor (do) que aquelas. 이 피자집은 저 집들보다 낫다.

Aquelas pizzarias são piores (do) que essa. 저 피자집들은 여기보다 못하다.

O Ronaldo joga melhor (do) que eu. 호나우두는 나보다 경기를 더 잘한다.

Eu jogo pior (do) que o Ronaldo. 나는 호나우두보다 경기를 더 못한다.

Sua filha é maior (do) que meus filhos. 네 딸이 내 애들보다 더 크다.

Meus filhos são menores (do) que sua filha. 내 애들이 네 딸보다 더 작다.

4) 동등비교 (A는 B만큼 ~하다)

A 동사 tanto quanto B.
A 동사 tão 형용사/부사 quanto B.
A 동사 tanto(s)/tanta(s) 명사 quanto B.

Eu sei tanto quanto você. 나는 너만큼 안다.

Meu filho é tão famoso quanto seu filho. 내 아들은 네 아들만큼 유명하다.

Eu comprei tantos livros quanto você. 나는 너만큼 책을 샀다.

5) 동일한 사람(사물)의 특징을 비교할 때는 형태에 주의한다.

Ele é mais bom que mau. 그는 나쁜 것보단 좋은 편이다.

(cf. Ele é melhor que eu. 그는 나보다 낫다.)

Esta sala é mais grande que pequena. 이 방은 작은 것보단 큰 편이다.

(cf. Esta sala é maior que a outra. 이 방은 다른 방보다 크다.)

6) 기타 비교 의미 표현

diferente de ~와 다른	igual a ~와 같은	anterior a ~ 보다 이전
posterior a ~ 보다 이후	superior a ~ 보다 위	inferior a ~ 보다 아래

Esse carro é diferente do meu. 이 차는 내 차와 다르다.

Minha casa é igual a essa. 내 집은 이 집과 같다.

Isso aconteceu no período posterior à Segunda Guerra Mundial.
이 일은 2차세계대전 이후 시기에 일어났다.

Não existe nenhuma cultura superior a outra.
어떤 문화도 다른 문화 위에 존재하지 않는다.

동사 tão 형용사/부사 que ...
동사 tanto(s)/tanta(s) 명사 que ...　　　너무 ~해서 ...하다

Esse livro é tão caro que não posso comprar ele. 이 책은 너무 비싸서 살 수 없다.

Eu estava com tanta fome que fui jantar cedo. 나는 너무 배고파 일찍 저녁 먹으러 갔다.

---

quanto 비교급 ~ (tanto) 비교급 ... ~하면 할수록 더(덜) ...하다

Quanto mais se ganha, (tanto) mais se gasta. 벌면 벌수록 소비한다.

Quanto mais doce, (tanto) melhor. 달면 달수록 낫다

7) tão, tanto, tantos/tantas는 감탄구문에서도 자주 사용된다.

O sol está tão forte! 태양이 엄청 강하다.

Dormi tanto nas férias de inverno! 겨울방학에 너무 많이 잤다.

Tenho tantas provas hoje! 오늘 너무 많은 시험이 있다.

EXPRESSÃO

🎧 13-2

Eu gostaria de ver um _____   _____ 좀 보고 싶어요.

terno	양복
paletó	마이
casaco	코트
colete	조끼
short	핫 팬츠
vestido	원피스
pijama	파자마
sutiã	브래지어
cinto	벨트
chapéu	모자(hat)
boné	야구모자(cap)
lenço	손수건
maiô	원피스수영복
biquíni	비키니수영복
sapato	구두
tênis	운동화
chinelo	슬리퍼
anel	반지
brinco	귀걸이
colar	목걸이

Poderia me mostrar uma _____?   _____ 좀 보여줄 수 있어요?

camisa	와이셔츠
camiseta	티셔츠
jaqueta	자켓, 점퍼
blusa	블라우스
calça	바지
bermuda	버뮤다 반바지(무릎 밑까지 오는)
saia	치마
gravata	넥타이
meia	양말, 스타킹
cueca	남자팬티
calcinha	여자팬티
sunga	남자수영복
tanga	여자(끈)수영복
canga	비치타올
bota	부츠
sandália	샌들
aliança	결혼반지
bolsa	핸드백
pulseira	팔찌

APLICAÇÃO

Eu queria experimentar essa calça jeans.	이 청바지를 입어보고 싶어요.
Essa calça está muito justa na perna.	이 바지는 다리 쪽이 많이 타이트해요.
Essa blusa está um pouco folgada.	이 블라우스는 조금 헐렁해요.
Eu mandei consertar o meu relógio.	시계 수리를 맡겼어요.
Eu vou consertar minha meia-calça que rasgou.	찢어진 스타킹을 수선할 거예요.
Gostaria de comprar alguma coisa mais simples.	좀 더 심플한 것을 사고 싶어요.
Temos vários modelos.	다양한 모델을 가지고 있어요.
Vou ficar com esse.	이걸로 할게요.
O senhor quer que embrulhe para presente?	손님, 선물용으로 포장해 드릴까요?
Esse tipo de roupa não fica bem em mim.	이런 타입의 옷은 내게 잘 안 어울려요.
Sua bota é linda, mas não combina com o vestido.	네 부츠가 참 예쁜데 그 원피스와는 잘 안 어울리네.
Estou só olhando.	그냥 구경하는 중이에요.
Desculpe, mas está esgotado.	죄송하지만 품절이에요.
Será que não tem outros?	다른 건 없을까요?
Só um momento. Vou buscar.	잠깐만요. 찾아볼게요.
Damos garantia de um ano.	품질보증을 1년 해드립니다.

PRÁTICA ORAL

● 다음 감정 표현 구문을 estar, ficar 동사 현재와 완전과거 변화형에 맞추어 포르투갈어로 말해보세요.

---

feliz em conhecer o Rogério 호제리우를 알게 되어 행복하다

contente com o resultado 결과에 만족하다

interessado/a em aprender a dançar 춤 배우는 것은 관심있다

chateado/a com esta situação 이 상황에 짜증나다

decepcionado/a com a política 정치에 실망하다

preocupado/a com a saúde 건강이 걱정스럽다

com saudade da Cecília 세실리아가 보고 싶다

com vontade de beber 술 마시고 싶다

| 현재 |

Eu estou ┄┄┄┄┄┄┄┄┄┄┄┄┄┄┄┄

Você está ┄┄┄┄┄┄┄┄┄┄┄┄┄┄┄┄ ?

Ele/Ela/A gente está ┄┄┄┄┄┄┄┄┄┄┄┄

Nós estamos ┄┄┄┄┄┄┄┄┄┄┄┄┄┄

Vocês estão ┄┄┄┄┄┄┄┄┄┄┄┄┄┄ ?

Eles/Elas estão ┄┄┄┄┄┄┄┄┄┄┄┄┄

| 완전과거 |

Eu fiquei ┄┄┄┄┄┄┄┄┄┄┄┄┄┄┄┄

Você ficou ┄┄┄┄┄┄┄┄┄┄┄┄┄┄┄┄ ?

Ele/Ela/A gente ficou ┄┄┄┄┄┄┄┄┄┄┄

Nós ficamos ┄┄┄┄┄┄┄┄┄┄┄┄┄┄

Vocês ficaram ┄┄┄┄┄┄┄┄┄┄┄┄┄ ?

Eles/Elas ficaram ┄┄┄┄┄┄┄┄┄┄┄┄

EXERCÍCIO

1 다음을 포르투갈어로 말해보세요.

1   A: 티셔츠 좀 보고 싶어요. _____

    B: 사이즈가 어떻게 되죠? _____

2   A: 더 필요한 것 있으세요? _____

    B: 아니요 괜찮습니다. _____

2 다음 빈칸에 알맞은 포르투갈어를 넣어 말해보세요.

1   이 파란색 치마 입어볼 수 있을까요?

    Posso _____ essa _____ azul?

2   피팅룸은 저기 있어요.

    O _____ fica _____

3   이 바지는 조금 타이트해요.

    Essa _____ está um _____

4   이런 타입의 옷은 내게 잘 안 어울려요.

    Esse tipo de roupa não _____

5   시계 수리를 맡겼어요.

    Eu _____ o meu relógio.

14

신용카드로 지불할게요.

Vou pagar com cartão de crédito.

DIÁLOGO

🎧 14-1

caro 비싼

bonito 예쁜

dar 주다

desconto 할인

pagamento 지불

à vista 일시불로

pagar 지불하다

parcelado 할부로

promoção 할인행사

férias 방학, 휴가

parcelas 할부금

sem ~없이

juros 이자

cartão de crédito
신용카드

Beto:	Que bonito! Quanto é esse aqui?
Vendedora:	Deixe eu ver. É 400 reais.
Beto:	Nossa! Que caro! Pode me dar um desconto?
Vendedora:	Damos 10% de desconto para pagamento à vista.
Beto:	Posso pagar parcelado?
Vendedora:	Estamos fazendo uma promoção de férias. O senhor pode pagar em até 6 parcelas sem juros.
Beto:	Tá bom então. Vou pagar com cartão de crédito.

Beto:	진짜 예쁘네요! 여기 이것 얼마예요?
Vendedora:	제가 한번 볼게요. 400 헤알이에요.
Beto:	이런! 엄청 비싸네요! 할인해 줄 수 있나요?
Vendedora:	일시불로 하시면 10% 할인해드립니다.
Beto:	할부로 할 수 있을까요?
Vendedora:	방학 할인행사 중이거든요. 무이자 6개월까지 할부로 가능합니다.
Beto:	좋아요 그럼. 신용카드로 지불할게요.

GRAMÁTICA

1 주요 전치사구, 부사구

1) além de ~이외에

Além disso, quero viajar também. 그 외에 여행도 가고 싶다.

2) apesar de ~에도 불구하고

Meu filho saiu para jogar futebol apesar da chuva.
내 아들은 비에도 불구하고 축구 하러 나갔다.

3) através de ~통하여

Ele entrou na sala de aula através da janela. 그는 창문을 통하여 교실에 들어갔다.

4) a fim de ~위해

Minha filha trabalhou muito a fim de ganhar dinheiro.
내 딸은 돈을 벌기 위해 일을 많이 했다.

5) de acordo com ~에 따르면

De acordo com os dados, ele tem um problema. 데이터에 의하면, 그는 문제가 있다.

6) de graça 공짜로

Ele me deu um celular de graça. 그는 내게 공짜로 휴대폰을 주었다.

7) de imediato 즉시

Quando você chegar, me liga de imediato. 도착하면 즉시 내게 전화해라.

8) de propósito 고의로

Ela não fez de propósito. Foi sem querer. 그녀는 고의로 하지 않았다. 고의가 아니었다.

9) de repente 갑자기, 아마도

De repente, começou a nevar. 갑자기 눈이 오기 시작했다.

Acho que de repente seria interessante. 아마도 재미있을 거라고 생각해.

10) em breve 조만간

Vamos viajar em breve. 조만간 여행가자.

11) em relação a ~관련하여

O Brasil tem um problema em relação ao meio ambiente.
브라질은 환경 관련 문제를 가지고 있다.

12) em vez de 〜대신에

Minha esposa tomou cerveja em vez de vinho. 내 아내는 와인 대신에 맥주를 마셨다.

13) por acaso 혹시

Por acaso você viu alguma mulher loira? 혹시 어떤 금발여자 봤나요?

14) por causa de 〜때문에

Eu estou louco por causa dela. 나는 그녀 때문에 미치겠다.

15) por enquanto 당분간

Por enquanto não quero comer mais. 당분간은 더 먹고 싶지 않다.

2 지불방법과 지불수단

1) 계산과 관련하여 구입방법은 크게 일시불, 후불, 외상으로 구분한다.

comprar à vista 일시불로 구입하다

comprar a prazo 후불로 구입하다

comprar fiado 외상 구입하다

2) 할부, 할인 관련해서 다양한 표현이 가능하다.

pagar em 3 parcelas 3개월 할부로 지불하다

= pagar em 3 prestações

= pagar parcelado em 3 vezes

= parcelar em 3 vezes

= pagar com parcelamento de 3 vezes

sem entrada 선금(계약금) 없이

sem juros 무이자로

pagar à vista com desconto 할인 받고 일시불로 지불하다

pagar a prazo com juros 이자 내고 후불로 지불하다

3) 지불수단은 다음 4가지로 구분한다.

pagar em dinheiro 현금으로 지불하다

pagar com cartão de débito 체크카드로 지불하다

pagar com cartão de crédito 신용카드로 지불하다

pagar com cheque 수표로 지불하다

3 감탄문

1) 일반적으로 Que 다음에 명사, 형용사를 넣고 생생한 목소리 톤이 첨가되면 간단한 감탄 문이 완성된다.

Que legal! 좋아!	Que chique! 멋진데!
Que maravilha! 대단해!	Que sorte! 운이 좋네!
Que azar! 재수없네!	Que interessante! 흥미롭네!
Que gostoso! 맛있네!	Que bonito! 예쁘네!
Que saudades! 보고 싶어!	Que inveja! 샘 나!
Que estranho! 이상하네!	Que esquisito! 이상하네!
Que coisa! 이게 뭐야!	Que chato! 짜증나!
Que pena! 안됐어!	Que vergonha! 창피해!
Que caro! 엄청 비싸!	Que barato! 엄청 싸!
Que calor! 엄청 덥네!	Que frio! 엄청 춥네!

2) 다음과 같이 Que 없이 자주 사용되는 감탄사도 있다.

⊘ 놀랄 때

Ih! Meu Deus! Nossa! Puxa! Caramba! Caraca! 오~ 이런!

⊘ 용기를 줄 때

Vamos! Força! Ânimo! Coragem! 힘내! 화이팅!

EXPRESSÃO

1 색깔을 물어볼 때 쓰는 표현

Qual é a sua cor favorita?	선호하는 색이 뭐예요?
Eu prefiro	.... 을 선호해요.
vermelho	빨간색
azul	파란색
azul-marinho	네이비색
azul-claro	하늘색
verde	녹색
verde-claro	연두색
amarelo	노란색
preto	검정색
branco	흰색
cinza	회색
marrom	갈색
laranja	주황색
rosa	핑크색
roxo	자주색
violeta	보라색
bege	베이지색
dourado	금색
prateado	은색

2 상점 물어볼 때 쓰는 표현

Onde fica o _____?   _____은(는) 어디 있어요?

shopping	쇼핑센터
supermercado	슈퍼마켓
restaurante chinês	중국식당
açougue	정육점
salão de beleza	미용실

Onde fica a _____?   _____은(는) 어디 있어요?

churrascaria	슈하스까리아
choperia	생맥주집
sorveteria	아이스크림집
padaria	제과점
lavanderia	세탁소
sapataria	구두점
drogaria	약국
farmácia	약국
perfumaria	향수가게
papelaria	문구점
livraria	서점
mercearia	식료품점
imobiliária	부동산
relojoaria	시계점
joalheria	보석가게
loja de conveniência	편의점
loja de artesanato	수공예품점
loja de lembrancinhas	기념품점
loja de estética	에스테틱샵
loja de cosméticos	화장품점

APLICAÇÃO

Não tem desconto? 할인 없나요?

Não dá para dar um desconto? 할인해 줄 수 없나요?

Tem 5 % de desconto para pagamento à vista.

일시불로 하면 5%의 할인이 있습니다.

Temos planos especiais de pagamento. 특별한 지불행사를 가지고 있습니다.

Com uma pequena entrada e o saldo em 4 prestações.

계약금 조금에 4개월 할부로요.

Aceitam cheque? 수표 받습니까?

Esse aqui está com defeito. 여기 이것은 결함이 있습니다.

Posso trocar esse por outro? 이것을 다른 걸로 교환할 수 있나요?

Vocês fazem troca ou devolução? 교환이나 환불을 해 줍니까?

Vocês oferecem assistência técnica gratuita?

무상 AS 제공하나요?

Pode me dar a nota fiscal? 영수증 좀 주실래요?

Poderia me entregar até amanhã? 내일까지 배달해 주실 수 있나요?

Poderia mandar estas roupas para esse endereço?

이 주소로 이 옷들을 배송해 주실 수 있나요?

Quanto é? 얼마예요?

Quanto custa no total? 전부 얼마예요?

A conta, por favor. 계산서 부탁합니다.

O recibo, por favor. 영수증 부탁합니다.

Você me deu o troco errado. 거스름돈을 잘못 주었어요.

Não tem trocado? 잔돈 없어요?

Fiado só amanhã. 외상사절

131

PRÁTICA ORAL

1 다음 구문을 dar 동사 미래와 완전과거와 변화형에 맞추어 포르투갈어로 말해보세요.

---

dar-se bem com a Helena 엘레나와 잘 지내다
dar um jeito nisso 그것에 방법을 찾아보다
dar uma olhada nesse livro 이 책을 보다
dar uma saída de manhã 아침에 나가다
dar uma volta no parque 공원에서 산책하다

| 미래 |

Eu vou _____

Você vai _____?

Ele/Ela/A gente vai _____

Nós vamos _____

Vocês vão _____?

Eles/Elas vão _____

| 완전과거 |

Eu dei _____

Você deu _____?

Ele/Ela/A gente deu _____

Nós demos _____

Vocês deram _____?

Eles/Elas deram _____

2 다음 의미를 생각하며 빈칸에 dá para 를 넣어 연습해 보세요.

---

dar para ~ (1) 가능 (2) 방향 (3) 재능 (4) 충분

Agora _____ ver.   지금은 보인다.

A janela _____ o mar.   창문은 바다 쪽으로 향해 있다.

Ele _____ matemática.   그는 수학에 재능이 있다.

O dinheiro _____ pagar.   돈은 지불하기에 충분하다.

EXERCÍCIO

1 다음을 포르투갈어로 말해보세요.

1 A: 여기 이것 얼마예요?

   B: 한번 보죠. 400헤알이에요.

2 A: 할인해 줄 수 있나요?

   B: 일시불로 하시면 10% 할인해드립니다.

2 다음 빈칸에 알맞은 포르투갈어를 넣어 말해보세요.

1 무이자 6개월 할부로 지불가능합니다.

   O senhor pode pagar ____ 6 _____ sem _____

2 신용카드로 지불할게요.

   Vou pagar _____ cartão de _____

3 할인 받고 일시불로 지불할게요.

   Vou pagar _____ _____ com _____

4 이것을 다른 걸로 교환할 수 있나요?

   Posso _____ esse _____ outro?

5 여기로 이 옷들을 배송해 주실 수 있나요?

   Poderia _____ estas roupas _____ aqui?

LIÇÃO

15

은행 계좌를 개설하고 싶어요.

Eu gostaria de abrir uma conta.

DIÁLOGO

🎧 15-1

Beto:	Eu gostaria de abrir uma conta.
Bancária:	Poderia me dar a carteira de identidade?
Beto:	Sim, aqui está.
Bancária:	O senhor precisa preencher e assinar este formulário.
Beto:	Quanto está a cotação do dólar para o real?
Bancária:	Um dólar equivale a três e trinta.

Beto:	계좌를 개설하고 싶어요.
Bancária:	신분증 좀 주시겠어요?
Beto:	예 여기 있어요.
Bancária:	이 양식을 작성하시고 서명해 주셔야 해요.
Beto:	달러를 헤알로 바꿀 때 환율이 얼마예요?
Bancária:	1달러에 3.30 헤알이에요.

VOCABULÁRIO

abrir 열다

conta 계좌

carteira de identidade
신분증

precisar 필요하다

preencher 기입하다

formulário 양식

cotação 시세

dólar 달러

real 헤알

equivaler 동등하다

bancário/a 은행원

GRAMÁTICA

1 분수

1) um meio, uma metade 1/2, 절반

meio-dia 정오

meia-noite 자정

meia hora 30분

meia dúzia 반 다스, 6

uma dúzia e meia de laranjas 오렌지 18개

A gente comeu a metade da pizza. 우리는 피자의 절반을 먹었다.

2) 분모가 3~10일 때는 분자, 분모 순서로 말하며, 분자는 기수로, 분모는 서수로 말한다. 분자가 2 이상이면 분모는 복수로 표기해야 한다.

um terço 1/3   um quarto 1/4

um quinto 1/5   três quartos 3/4

quatro quintos 4/5

3) 분모가 11~99일 때는 분자 기수 + 분모 기수 + avos

um onze avos 1/11

cinco doze avos 5/12

2 배수

1) duplo, dobro 2배 / **triplo** 3배 / **quádruplo** 4배

O dobro de dois é quatro. 2의 2배는 4이다.

O triplo de dois é seis. 2의 3배는 6이다.

Eu vou fazer o dobro do trabalho na metade do tempo.
나는 절반의 시간에 두배의 일을 할 것이다.

2) 기수 vezes + 비교급 ~ : ~의 몇 배

A população do Brasil é quatro vezes maior do que a da Coreia.
브라질 인구는 한국 인구의 4배이다.

Os impostos subiram três vezes mais do que a inflação.
세금이 인플레이션의 3배 올랐다.

3 각종부호

+ (더하기)	mais (sinal de adição)
- (빼기)	menos (sinal de subtração)
× (곱하기)	vezes (sinal de multiplicação)
÷ (나누기)	dividido por (sinal de divisão)
= (등호)	são (sinal de igual)

Dois mais quatro são seis.   2 + 4 = 6
Seis menos quatro são dois.   6 – 4 = 2
Dois vezes quatro são oito.   2 × 4 = 8
Oito dividido por quatro são dois. 8 ÷ 4 = 2

4 주요 형용사와 부사의 반의어

grande	큰	pequeno/a	작은
alto/a	키 큰, 높은	baixo/a	키 작은, 낮은
muito/a	많은	pouco/a	적은
magro/a	날씬한	gordo/a	뚱뚱한
curto/a	짧은	comprido/a longo/a	긴
jovem	젊은	velho/a	늙은
rápido/a	빠른	lento/a	느린
caro/a	비싼	barato/a	싼
pesado/a	무거운	leve	가벼운
fácil	쉬운	difícil	어려운
forte	강한, 진한	fraco/a	약한
		suave	부드러운
seco/a	마른, 건조한	molhado/a	젖은
		úmido/a	습한

bom/boa	좋은	mau/má ruim	나쁜
bem	잘, 좋게	mal	잘못, 나쁘게
perto	가까이	longe	멀리
depressa	급하게	devagar	천천히

5 precisar 동사의 활용

1) precisar 동사 다음에 동사가 오면 바로 동사원형을 쓰면 된다.

Eu preciso comprar um carro. 차 한대를 살 필요가 있다.

Eu preciso encontrar você. 너를 만날 필요가 있다.

2) 하지만 precisar 동사 다음에 명사(구)가 오면 전치사 de와 함께 써야한다.

Eu preciso de um carro. 차 한대가 필요하다.

Eu preciso de você. 네가 필요하다.

EXPRESSÃO

🎧 15-2

1 은행과 돈 관련하여 쓰는 표현

Eu gostaria de _____ _____ 하고 싶습니다.

abrir uma conta	계좌를 개설하다
fazer um depósito	입금하다
depositar dinheiro	입금하다
fazer um saque	출금하다
sacar dinheiro	출금하다
trocar 100 dólares por reais	100 달러를 헤알로 바꾸다
pagar a conta de luz	전기요금을 내다
pagar a conta de água	수도요금을 내다
pagar a conta de gás	가스요금을 내다
pagar a conta de telefone	전화요금을 내다
pagar o aluguel	집세를 내다
pagar o condomínio	관리비를 내다

2 현금인출기 관련 표현

Coloque o cartão.	카드를 넣어주세요.
Selecione uma das opções.	옵션 중 하나를 선택하세요.
Digite a senha do cartão.	카드의 비밀번호를 누르세요.
Esta senha está inválida.	비밀번호가 맞지 않습니다.
Reinicie a operação.	거래를 다시 시작해 주세요.
A operação está finalizada.	거래가 완료되었습니다.
Retire o seu cartão e o extrato.	카드와 거래내역서를 꺼내세요.

3 사무실 관련 표현

Arrume a mesa e as cadeiras.	탁자와 의자를 정리하세요.
Tire as canetas do estojo.	필통에서 펜을 꺼내세요.
Carimbe todos os documentos.	모든 서류에 도장을 찍으세요
Compre um grampeador.	스테이플러를 하나 사세요.
Traga os clips.	클립을 가져오세요.

APLICAÇÃO

Onde fica o banco mais próximo daqui?

여기서 가장 가까운 은행이 어디 있어요?

Onde posso encontrar um caixa eletrônico?

어디에서 현금인출기를 찾을 수 있나요?

Até que horas o banco fica aberto? 은행은 몇 시까지 열려 있나요?

Tenho uma conta corrente neste banco.

이 은행에 보통예금계좌를 가지고 있어요.

Eu queria confirmar o meu saldo. 잔고를 확인하고 싶어요.

Poderia fazer uma transferência? 이체를 할 수 있을까요?

Escreva aqui o número da conta do destinatário.

수취인의 계좌번호를 여기 써 주세요.

Qual é o número da sua conta? 고객님의 계좌번호가 무엇인가요?

Quem é o titular da conta? 계좌의 명의는 누구인가요?

Eu preciso encerrar a minha conta. 계좌를 해지해야 해요.

Eu preciso fazer a declaração de perda do meu cartão.

카드 분실신고를 해야 해요.

Assine aqui embaixo, por favor. 여기 아래에 서명해 주세요.

Quanto tempo demora? 얼마나 걸리나요?

Onde posso trocar dinheiro? 어디서 환전할 수 있어요?

Como está a taxa de câmbio hoje? 오늘의 환율이 어떻게 되나요?

Como está a cotação do dia? 오늘의 환율이 어떻게 되나요?

Quanto está o dólar? 달러는 얼마예요?

No paralelo, três e trinta e cinco. 시장환율로 3.35 헤알입니다.

Me dê dez notas de cinquenta reais. 50헤알짜리 10장 주세요.

Aguarde sua vez. Não fure a fila. 차례를 지키세요. 새치기하지 마세요.

PRÁTICA ORAL

● 다음 구문을 tirar 동사 현재와 완전과거 변화형에 맞추어 포르투갈어로 말해보세요.

---

tirar a roupa para tomar banho 샤워하려고 옷을 벗다

tirar a mancha da roupa 옷에서 얼룩을 빼다

tirar uma soneca 낮잠을 자다

tirar dinheiro do caixa eletrônico 현금인출기에서 돈을 뽑다

tirar sarro dela 그녀를 놀리다

tirar uma foto 사진을 찍다

tirar férias em julho 7월에 휴가를 내다

| 현재 |

Eu tiro _____

Você tira _____ ?

Ele/Ela/A gente tira _____

Nós tiramos _____

Vocês tiram _____ ?

Eles/Elas tiram _____

| 완전과거 |

Eu tirei _____

Você tirou _____ ?

Ele/Ela/A gente tirou _____

Nós tiramos _____

Vocês tiraram _____ ?

Eles/Elas tiraram _____

EXERCÍCIO

① 다음을 포르투갈어로 말해보세요.

1 A: 계좌를 개설하고 싶어요. _____

B: 신분증 좀 주시겠어요? _____

2 A: 달러를 헤알로 바꿀 때 환율이 얼마예요?.

_____

B: 1달러에 3.30 헤알이에요. _____

② 다음 빈칸에 알맞은 포르투갈어를 넣어 말해보세요.

1 예금을 하고 싶어요.

Eu gostaria de _____ um _____

2 여기서 전기요금을 낼 수 있어요?

Poderia _____ a _____ de _____ aqui?

3 어디에서 현금인출기를 찾을 수 있나요?

Onde posso _____ um _____?

4 오늘의 환율이 어떻게 되나요?

Como _____ a _____ de _____ hoje?

5 이 양식을 작성하시고 서명해 주셔야 해요.

O senhor precisa _____ e _____ este formulário.

16

Será que tem vaga no voo das 16 horas?

DIÁLOGO

🎧 16-1

Beto:	Eu gostaria de saber os horários dos próximos voos para São Paulo.
Funcionária:	Às 13 e às 16 horas.
Beto:	É melhor viajar às 13 horas. Pode ser?
Funcionária:	Infelizmente, não. Este voo já está lotado.
Beto:	Será que tem vaga no voo das 16 horas?
Funcionária:	Tem somente dois lugares.
Beto:	Então, vou neste voo das 16 horas.

VOCABULÁRIO

saber 알다

horário 시간표

próximo/a 다음의

voo 항공편

viajar 여행가다

infelizmente 안타깝게도

lotado/a 꽉 찬, 만석의

vaga 빈자리

somente 단지

lugar 자리

funcionário/a 직원

Beto:	상파울루행 다음 항공편 시간표를 알고 싶어요.
Funcionária:	13시와 16시입니다.
Beto:	13시에 가는 게 낫겠어요. 가능한가요?
Funcionária:	안타깝지만 안됩니다. 이 항공편은 이미 만석입니다.
Beto:	16시 항공편에 빈자리가 있을까요?
Funcionária:	단지 두 자리가 있네요.
Beto:	그럼 이 16시 항공편으로 갈게요.

GRAMÁTICA

1 축소사

명사, 형용사, 부사에 축소형 접미사를 붙여 표현 한다. 축소사를 쓰면 '작음', '강조', '애정' '경멸' 등의 의미를 나타낸다. 또한 브라질에선 특별한 의미 변화가 없을 때도 상황에 맞게 축소사를 자주 사용한다.

1) 형태는 마지막 모음을 빼고 –inho/-inha를 붙인다.

casa – casinha	(작음) 작은 집
faca – faquinha	(작음) 작은 칼
bonito – bonitinho	(강조) 아주 예쁜
alegre – alegrinho	(강조) 아주 기쁜
filho – filhinho	(애정) 귀여운 아들
Beto – Betinho	(애정) 사랑스런 Beto
jogo – joguinho	(경멸) 재미없는 경기
filme – filminho	(경멸) 재미없는 영화

2) 다음의 경우엔 –zinho/-zinha를 붙인다.

(1) 어말 음절에 강세가 있는 경우

café – cafezinho	(작음) 작은 커피
pé – pezinho	(작음) 작은 발

(2) 어말 음절이 비음인 경우

mão – mãozinha	(작음) 작은 손
mãe – mãezinha	(애정) 사랑스런 엄마

(3) 어말 음절이 이중모음 이상인 경우

rua – ruazinha	(작음) 작은 길
pai – paizinho	(애정) 사랑스런 아빠

O ponto de táxi fica pertinho daqui. 택시 승강장은 여기서 아주 가깝다.

Eu quero tomar só um pouquinho de café. 나는 커피를 아주 조금만 마시고 싶다.

Estava chovendo mas agora saiu um solzinho. 비가 왔었는데 지금은 해가 나왔다.

Os dois times jogaram muito mal. Foi um joguinho.
두 팀이 경기를 아주 못했다. 재미없는 경기였다.

2 증대사

증대사는 '큼', '강조', '훌륭함' '경멸' 등의 의미를 나타낸다. 형태는 축소사를 만드는 상황과 비슷하다.

1) 마지막 모음을 빼고 –ão/-ona를 붙인다.

carro – carrão	큰 차
peixe – peixão	큰 물고기
borboleta – borboletona	큰 나비
grande – grandão	아주 큰
tempo – tempão	오랜 시간
solteiro – solteirão	노총각
solteira – solteirona	노처녀
Beto – Betão	덩치 큰 혹은 훌륭한 Beto

2) 다음의 경우엔 –zão/-zona를 붙인다.

(1) 어말 음절에 강세가 있는 경우

pé – pezão	큰 발
mar – marzão	큰 바다

(2) 어말 음절이 비음인 경우

mão – mãozona	큰 손
mãe – mãezona	위대한 어머니

(3) 어말 음절이 이중모음 이상인 경우

pai – paizão	위대한 아버지

2 부사

1) 형용사를 부사로 만들려면 형용사(여성형)에 mente를 붙여주면 된다.

feliz – felizmente	다행히
infeliz – infelizmente	안타깝게도
fácil – facilmente	쉽게
forte – fortemente	강하게
rápido – rapidamente	빠르게
exato – exatamente	정확하게

2) 부사는 전치사와 함께 부사구 형태로도 만들 수 있다.

fortemente = com força	강하게
facilmente = com facilidade	쉽게
cuidadosamente = com cuidado	조심스럽게
pacientemente = com paciência	인내심 있게
atentamente = com atenção	주의 깊게
economicamente = com economia	경제적으로
preguiçosamente = com preguiça	게으르게
interessantemente = com interesse	흥미 있게

④ 비인칭 구문

'~하는 것은(이) … 하다' 라는 의미를 표현할 때 비인칭 구문을 사용할 수 있다. 형태는 ser 3인칭단수형 + 형용사 + 동사원형이다. 다음과 같이 다양한 시제 표현이 가능하다.

1) 현재

É melhor aprender português. 포르투갈어를 배우는 것이 낫다.
É necessário trazer colchão de ioga. 요가 매트를 가져오는게 필요하다.

2) 완전과거

Foi difícil jogar golfe. 골프를 치는 것은 어려웠다.

3) 불완전과거

Era fácil tocar piano. 피아노를 치는 것은 쉬웠다.

4) 미래

Será possível emagrecer em uma semana. 1주일 내에 살을 빼는 것은 가능할 것이다.

5) 과거미래

Seria importante fazer exercícios fisicos. 운동을 하는 것이 중요했을 것이다.

EXPRESSÃO

🎧 16-2

1 예약과 발권 관련 필수 어휘

항공사 companhia aérea	항공편명 número do voo
출발일 data de partida	도착일 data de chegada
출발지 local de partida	도착지 local de chegada
편도 ida	왕복 ida e volta
여권 passaporte	비자 visto
항공권 passagem aérea	탑승권 cartão de embarque
들고 타는 짐 bagagem de mão	부치는 짐 bagagem para despachar
카운터 balcão	운임 tarifa
확인 confirmação	환승 transferência
경유 escala	연결편 conexão
예약 reserva	취소 cancelamento

2 공항과 기내 관련 필수 어휘

국제공항 aeroporto internacional
국내공항 aeroporto doméstico
탑승터미널 terminal de embarque, ala de embarque

탑승구 portão de embarque	대기실 sala de espera
면세점 duty free shop	세관 alfândega
좌석번호 número de assento	기내 cabine
기장 comandante	모포 cobertor
베개 travesseiro	이어폰 fone de ouvido
화장실 sanitário	사용 중 ocupado
비어 있음 livre	금연 Proibido fumar

버튼을 누르시오 Pressione o botão
안전벨트를 착용하시오 Aperte o cinto, Coloque o cinto de segurança

APLICAÇÃO

Eu gostaria de fazer uma reserva para Campinas.

깜비니스행을 예약하고 싶습니다.

Só de ida ou de ida e volta?

편도인가요 아니면 왕복인가요?

A passagem foi reservada.

항공권이 예약되었어요.

Eu gostaria de comprar uma passagem com destino a Manaus.

마나우스행 항공권 한장을 사고 싶습니다.

Quando sai o próximo voo para Fortaleza?

포르탈레자행 다음 항공편은 언제 출발하나요?

Quais são os horários com saída à tarde?

오후에 출발하는 시간표는 어떻게 되나요?

O senhor quer ficar na lista de espera?

대기자 명단에 넣어 드릴까요?

Tenho que fazer uma transferência? 환승을 해야 하나요?

É um voo direto. 직항입니다.

Esse voo vai fazer escala em Brasília.

이 항공편은 브라질리아에서 경유할 겁니다.

O senhor prefere janela ou corredor?

창가를 선호하세요 아니면 복도를 선호하세요?

Eu quero um assento no corredor. 복도 쪽 좌석을 원합니다.

O senhor tem bagagem para despachar?

부칠 짐이 있으세요?

Coloque as malas na balança. 저울에 짐을 올리세요.

Onde fica a sala de espera? 대기실은 어디예요?

Você vai a passeio ou a negócios? 관광으로 가나요 아니면 출장으로 가나요?

O avião vai decolar daqui a pouco. 잠시 후에 비행기가 이륙합니다.

O passaporte e o cartão de embarque, por favor.

여권과 탑승권 보여주세요.

Não tenho nada a declarar. 신고할 게 아무 것도 없어요.

Não consigo encontrar a minha mala na esteira.

수하물수취대에서 짐을 찾을 수 없어요.

PRÁTICA ORAL

1 다음 문장을 넣어 비인칭 구문을 연습해 보세요.

---

falar português 포르투갈어를 말하다
aprender a tocar piano 피아노 치는 것을 배우다

É fácil _____ _____는 쉽다.

É difícil _____ _____는 어렵다.

É possível _____ _____는 가능하다.

É impossível _____ _____는 불가능하다

É bom _____ _____는 좋다.

É melhor _____ _____는 낫다.

É importante _____ _____는 중요하다.

É necessário _____ _____는 필요하다.

É preciso _____ _____는 필요하다.

É imprescindível _____ _____는 꼭 필요하다.

É recomendável _____ _____는 추천할 만하다.

2 다음 é ~ 구문을 넣어 문장을 완성해 보세요.

é normal 정상이다   é mesmo 정말이다
é o seguinte 다음과 같다   é a sua vez 네 차례이다
é hora de ~ ~할 시간이다

Acho que isso é _____ 이게 정상이라고 생각한다.

É _____ , sei falar chinês. 정말이야, 중국어 할 줄 알아.

O plano é _____ 계획은 다음과 같다.

Agora é _____ 이제 네 차례이다.

É _____ almoçar. 점심 먹을 시간이다.

EXERCÍCIO

1 다음을 포르투갈어로 말해보세요.

1 A: 13시에 가고 싶어요. 가능한가요?

   B: 이 항공편은 이미 만석입니다.

----

2 A: 16시 항공편에 빈 자리가 있을까요?

   B: 단지 두 자리가 있네요.

----

2 다음 빈칸에 알맞은 포르투갈어를 넣어 말해보세요.

1 히우행을 예약하고 싶습니다.

   Gostaria de _____ uma _____ para o Rio.

2 환승을 해야 하나요?

   Tenho que _____ uma _____?

3 이 항공편은 상파울루에서 경유할 겁니다.

   Esse _____ vai fazer _____ em São Paulo.

4 관광으로 가나요 아니면 출장으로 가나요?

   Você vai a _____ ou a _____?

5 여권과 탑승권 보여주세요.

   O _____ e o _____, por favor.

LIÇÃO 17

호텔 하루 숙박료가 얼마예요?

Quanto é a diária?

DIÁLOGO

🎧 17-1

Funcionária:	Hotel Copacabana, Aline, boa tarde.
Beto:	Boa tarde, gostaria de fazer uma reserva para amanhã.
Funcionária:	Quantas pessoas? Que tipo de apartamento o senhor gostaria?
Beto:	Duas pessoas. Gostaria de um quarto duplo com duas camas de solteiro.
Funcionária:	Quantos dias pretende ficar?
Beto:	3 dias. Quanto é a diária?
Funcionária:	A diária custa 300 reais com café da manhã incluso.

VOCABULÁRIO

reserva 예약

apartamento 객실

duplo 2인실

cama 침대

solteiro 싱글

pretender ~하려하다

diária 1박 숙박료

custar 비용이 들다

café da manhã 조식

incluso/a 포함된

Funcionária:	꼬빠까바나 호텔의 알리니입니다 안녕하세요.
Beto:	안녕하세요, 내일로 예약을 하고 싶은데요.
Funcionária:	몇 명이세요? 어떤 타입의 객실을 원하세요?
Beto:	2명이에요. 2인실 트윈룸을 원합니다.
Funcionária:	며칠동안 머무르실 거예요?
Beto:	3일이요. 하루 숙박료가 얼마예요?
Funcionária:	조식포함 300헤알입니다.

GRAMÁTICA

1 동사-접속법 현재

규칙변화 형태: 직설법 현재 1인칭 단수형에서 o를 빼고 다음과 같은 어미를 붙인다.

	-ar 동사	-er 동사	-ir 동사
1인칭 단수	-e	-a	-a
3인칭 단수	-e	-a	-a
1인칭 복수	-emos	-amos	-amos
3인칭 복수	-em	-am	-am

직설법 현재 불규칙변화형 동사가 접속법 현재 형태로 바뀌는 예

	fazer	ter	poder
1인칭 단수	faça	tenha	possa
3인칭 단수	faça	tenha	possa
1인칭 복수	façamos	tenhamos	possamos
3인칭 복수	façam	tenham	possam

불규칙변화 형태

	ser	estar	ir	dar	saber	querer	haver
1인칭 단수	seja	esteja	vá	dê	saiba	queira	haja
3인칭 단수	seja	esteja	vá	dê	saiba	queira	haja
1인칭 복수	sejamos	estejamos	vamos	demos	saibamos	queiramos	hajamos
3인칭 복수	sejam	estejam	vão	deem	saibam	queiram	hajam

용법

1) 주절의 동사가 Desejo(희망) 표현하는 문장의 종속절 동사에 사용

Espero que meu filho seja médico. 내 아들이 의사가 되길 바란다.

Quero que ele passe no exame. 그가 시험에 합격하길 바란다.

Desejo que vocês sejam muito felizes. 너희들이 아주 행복하길 바란다.

2) 주절의 동사가 Dúvida(의심, 불확실) 표현하는 문장의 종속절 동사에 사용

Duvido que ela diga a verdade. 그녀가 진실을 말할 지 의문이다.

Não acredito que minha filha aceite o convite. 내 딸이 초대를 받아들일지 의문이다.

Não acho que ele faça isso. 그가 그 일을 할 것이라고 생각하지 않는다.

3) 주절의 동사가 Sentimento(감정) 표현하는 문장의 종속절 동사에 사용

Estou triste que vocês não possam ir à festa. 너희들이 파티에 갈 수 없어 슬프다.

Que pena que você não tenha tempo. 네가 시간이 없어 아쉽다.

Tenho medo que neve muito amanhã. 내일 눈이 많이 올까 봐 두렵다.

4) 비인칭 구문에 사용

É melhor que você parta cedo. 일찍 출발하는 게 낫다.

É importante que todo mundo saiba a verdade. 모두 진실을 아는 것이 중요하다.

É impossível que nós estejamos errados. 우리가 틀렸다는 것은 불가능하다.

5) 불확실한 선행사를 수식할 때 사용

Preciso de uma pessoa que saiba falar inglês. 영어를 할 줄 아는 사람이 필요하다.

Não conheço ninguém que queira trabalhar no feriado.
공휴일에 일하고 싶은 사람을 아무도 모른다.

Quero comprar um livro que seja interessante. 재미있는 책을 한권 사고 싶다.

6) 부사절(조건, 양보, 목적, 시간)에서 사용

Vou ajudar ele contanto que ele chegue cedo. 그가 일찍 온다면 그를 도와주겠다.

Não vou ajudar ele a não ser que ele chegue cedo.
그가 일찍 오지 않는 한 도와주지 않겠다.

Mesmo que eu goste de viajar, vou ficar em casa neste feriadão.
여행을 좋아함에도 불구하고 이번 연휴에는 집에 있겠다.

Vou falar alto para que todo mundo me ouça. 모두 내 말을 듣도록 크게 말하겠다.

Vou esperar aqui até que minha mãe volte.
어머니가 돌아올 때까지 여기서 기다리겠다.

EXPRESSÃO

1 숙박 관련 필수 어휘

호텔 hotel	레지던스호텔 flat	모텔 motel
유스호스텔 albergue, hostel	여관 pousada	안내 informação
프런트 recepção	예약 reserva	숙박료 diária
지배인 gerente	팁 gorjeta	빈방 vaga
객실 apartamento, quarto	1인실 simples	2인실 duplo
3인실 triplo	열쇠 chave	침대 cama
싱글침대 cama de solteiro	더블침대 cama de casal	추가침대 cama extra
2층침대 beliche	아기침대 berço	수영장 piscina
사우나 sauna	헬스장 academia	연회장 salão de banquete
숙박카드 ficha de hospedagem	룸서비스 serviço de quarto	
엘리베이터 elevador	비상구 saída de emergência	
계단 escada	에스컬레이터 escada rolante	

2 객실 관련 필수 어휘

침대 cama	매트리스 colchão	담요 cobertor
솜이불 edredom	시트 lençol	베개 travesseiro
베개커버 fronha	쿠션 almofada	에어컨 ar condicionado
히터 aquecedor	텔레비전 TV, televisão	리모콘 controle remoto
전화기 telefone	미니냉장고 frigobar	안락의자 poltrona
의자 cadeira	화장대 penteadeira	갓전등 abajur
탁자 mesa	옷장 roupeiro	옷걸이 cabide
커튼 cortina	협탁 criado-mudo	소파 sofá
스위치 interruptor	콘센트 tomada	어댑터 adaptador
전등 lâmpada	커피머신 cafeteira	전기포트 chaleira elétrica
스팀다리미 ferro a vapor	다리미판 tábua de passar	
금고 cofre	가습기 umidificador de ar	

3 욕실 관련 필수 표현 및 어휘

수건 toalha	세면대 pia	수도꼭지 torneira
샤워기 chuveiro	욕조 banheira	배수구 ralo
마개 tampa	비누 sabonete	비누곽 saboneteira
샴푸 xampu	변기 vaso sanitário	비데 bidê (eletrônico)
휴지 papel higiênico	티슈 lenço de papel	휴지통 lixo
치약 pasta de dente	칫솔 escova de dente	치실 fio dental
면봉 cotonete	거울 espelho	면도기 barbeador
애프터쉐이브로션 loção pós-barba		
헤어드라이어 secador de cabelo		

4 문제가 있을 때 쓰는 표현

_____ não está funcionando.　　_____ 이(가) 작동하지 않아요.

O ar condicionado	에어컨
A televisão	TV
O frigobar	미니냉장고
O chuveiro	샤워기

Aqui não tem _____　　여기 _____ 이(가) 없어요.

toalha	수건
sabonete	비누
papel higiênico	휴지
secador de cabelo	헤어 드라이기

APLICAÇÃO

Eu fiz uma reserva em nome de Bela. 벨라의 이름으로 예약했어요.

Não tem um apartamento mais barato? 더 싼 객실은 없나요?

Eu prefiro um quarto com vista para o mar.
오션뷰 객실을, 선호해요.

O restaurante funciona a partir de que horas?
식당은 몇 시부터 운영하나요?

Tem piscina neste hotel? 이 호텔에 수영장이 있나요?

Poderia lavar esta roupa? 이 옷을 세탁해 줄 수 있나요?

Poderia me trazer mais uma toalha? 수건을 하나 더 가져다 줄 수 있나요?

A internet não funciona no quarto. 방에서 인터넷이 되지 않아요.

Poderia me acordar às 6 horas? 6시에 깨워줄 수 있나요?

A água quente não está saindo. 뜨거운 물이 나오질 않아요.

O vaso sanitário está entupido. 변기가 막혔어요.

Não consigo ligar a TV. TV를 켤 수가 없어요.

Não consigo tampar o ralo da banheira. 욕조의 배수구를 막을 수가 없어요.

Tem cheiro ruim no quarto. 방에 나쁜 냄새가 나요.

Este quarto é tão barulhento! 이 방은 너무 시끄러워요!

Eu queria mudar de quarto. 방을 옮기고 싶어요.

Eu gostaria fazer o check-out. 체크아웃을 하고 싶어요.

Poderia guardar a minha mala? 내 짐을 보관해줄 수 있나요?

Gostaria de pegar a minha mala. 내 짐을 찾고 싶어요.

Poderia chamar um táxi para mim? 내게 택시 한 대 불러 줄 수 있나요?

PRÁTICA ORAL

1 다음 현재분사를 estar 동사 다음에 넣어 진행형 구문으로 말해 보세요.

---

estudando 공부하다 / chorando 울다 / rindo 웃다
viajando 여행하다 / procurando o livro de português 포어책을 찾다
dormindo 자다 / jogando bola na rua 길에서 공차다
morando aqui 여기 살다 / trocando de roupa 옷을 갈아입다

| 현재진행형 |

Eu estou _____ ~하고 있다.

Você está _____?

Ele/Ela/A gente está _____

Nós estamos _____

Vocês estão _____?

Eles/Elas estão _____

| 과거진행형 |

Eu estava _____ ~하고 있었다.

Você estava _____?

Ele/Ela/A gente estava _____

Nós estávamos _____

Vocês estavam _____?

Eles/Elas estavam _____

2 다음 문장을 이어 붙여서 동시동작을 나타내는 현재분사구문을 완성해 보세요.

---

ouvindo música 음악을 들으면서   falando comigo 나와 얘기하면서
tomando café 커피를 마시면서

O Guilherme sempre estuda _____   길례르미는 항상 _____ 하면서 공부한다.

A Fabiane comeu pão _____   파비아니는 _____ 하면서 빵을 먹었다.

EXERCÍCIO

1 다음을 포르투갈어로 말해보세요.

1 A: 내일로 예약을 하고 싶습니다. _____

B: 몇 명이세요? _____

2 A: 며칠동안 머무르실 거예요? _____

B: 하루 숙박료가 얼마예요? _____

2 다음 빈칸에 알맞은 포르투갈어를 넣어 말해보세요.

1 2인실 트윈룸을 원합니다.

Gostaria de um apartamento _____ com _____ camas de

_____

2 숙박료는 조식포함 500헤알입니다.

A _____ custa 500 reais _____ café da manhã _____

3 벨라의 이름으로 예약했어요.

Eu _____ uma _____ em _____ de Bela.

4 오션뷰 객실을 선호해요.

Eu _____ um quarto com _____ para o _____

5 샤워기가 작동하지 않아요.

O _____ não está _____

DIÁLOGO

🎧 18-1

Beto: Eu gostaria de conhecer os pontos turísticos mais famosos do Rio.

Funcionária: Estamos oferecendo uma ótima excursão. Olhe aqui.

Beto: Deixa eu ver. Quanto custa por pessoa?

Funcionária: 150 reais por pessoa.

Beto: Quanto tempo dura essa excursão?

Funcionária: Mais ou menos 6 horas. A gente parte às 8 da manhã e chega às 2 da tarde.

Beto: É exatamente isso que eu quero. Quero reservar.

Beto: 히우에서 가장 유명한 관광지를 가보고 싶어요.

Funcionária: 저희는 최고의 패키지관광을 제공하고 있어요. 여기 좀 보세요.

Beto: 한번 봅시다. 1인당 얼마예요?

Funcionária: 1인당 150헤알입니다.

Beto: 이 패키지관광은 얼마나 걸려요?

Funcionária: 대략 6시간이요. 우리는 아침 8시에 출발해서 오후 2시에 도착합니다.

Beto: 내가 원하는 게 바로 이거 예요. 예약하고 싶어요.

VOCABULÁRIO

conhecer (가봐서) 알다

ponto turístico 관광지

famoso/a 유명한

oferecer 제공하다

ótimo/a 최고의

excursão 패키지관광

por pessoa 1인당

durar 지속하다

partir 출발하다

chegar 도착하다

exatamente 정확히

reservar 예약하다

GRAMÁTICA

1 동사-접속법 과거

형태: 직설법 완전 과거 3인칭복수형에서 ram을 빼고 -sse, -ssemos, -ssem 을 붙이는 형태이다.

	-ar 동사	-er 동사	-ir 동사
1인칭 단수	-asse	-esse	-isse
3인칭 단수	-asse	-esse	-isse
1인칭 복수	-ássemos	-êssemos	-íssemos
3인칭 복수	-assem	-essem	-issem

주요 동사의 접속법 과거 형태 예

	ser/ir	estar	ter
1인칭 단수	fosse	estivesse	tivesse
3인칭 단수	fosse	estivesse	tivesse
1인칭 복수	fôssemos	estivéssemos	tivéssemos
3인칭 복수	fossem	estivessem	tivessem

	querer	poder	fazer
1인칭 단수	quisesse	pudesse	fizesse
3인칭 단수	quisesse	pudesse	fizesse
1인칭 복수	quiséssemos	pudéssemos	fizéssemos
3인칭 복수	quisessem	pudessem	fizessem

용법

1) 접속법 현재와 같은 용법에서 주절의 동사가 과거시제 중 하나일 때 종속절 동사에 사용

Eu esperava que meu marido chegasse cedo. 나는 남편이 일찍 도착하길 바랬다.

Eu quis que ela ficasse aqui. 나는 그녀가 여기 있길 바랬다.

Duvidei que ela pudesse fazer o relatório.

나는 그녀가 보고서를 작성할 수 있을지 의심스러웠다.

Era importante que vocês viessem. 너희들이 오는게 중요했었다.

2) 가정법 과거(현재 사실에 반대되는 가정문)에 사용

Se eu fosse ele, trabalharia melhor. 내가 그 사람 이었다면 일을 더 잘했을 것이다.

Se eu pudesse, beberia com vocês. 내가 가능했다면 너희들과 술 마셨을 것이다.

Se você estivesse aqui com a gente, eu ajudaria você.
네가 우리와 여기 있었다면 내가 너를 도와 줬을 것이다.

Se eu tivesse muito dinheiro, viajaria pelo mundo inteiro.
돈이 많았다면 전세계를 여행했을 것이다.

2 비교 최상급

1) 최상급은 다음 패턴을 따른다. 이때 정관사와 형용사는 수식하는 명사의 성수에 일치해야 한다.

o(s)/a(s) mais A de B(명사구)	B 중에 가장 A한
o(s)/a(s) mais A que B(절)	
o(s)/a(s) menos A de B(명사구)	B 중에 가장 A하지 않은
o(s)/a(s) menos A que B(절)	

Ele é o mais inteligente da turma. 그는 반에서 가장 똑똑하다.

Ela é a mais bonita de todos. 그녀는 모든 사람 중에 가장 예쁘다.

Busan é a cidade menos fria que eu já fui.
부산은 내가 갔던 곳 중에 가장 춥지 않은 도시이다.

os esportes mais populares do Brasil 브라질에서 가장 대중적인 스포츠들

a ponte mais longa do mundo 세계에서 가장 긴 다리

a viagem mais longa que eu já fiz 내가 한 것 중에 가장 길었던 여행

2) 불규칙 비교급 형태가 최상급에 사용될 때 주의한다.

a melhor viagem que eu já fiz 내가 한 것 중에 최고의 여행

a melhor atriz do ano 올해 최고의 여배우

o pior médico que eu já vi 내가 본 사람 중에 최악의 의사

o pior show do mundo 세계 최악의 쇼

a maior cidade do Brasil 브라질에서 가장 큰 도시

a maior usina hidrelétrica do mundo 세계에서 가장 큰 수력발전소

o menor país da América do Sul 남미에서 가장 작은 국가

3 절대 최상급

절대 최상급은 비교 대상 없이 '아주~한', '최고로 ~한'의 의미로 사용된다.

1) 어말이 모음일 때는 -íssimo/a 형태로 쓴다.

caro – caríssimo 아주 비싼   barato – baratíssimo 아주 싼

lindo – lindíssimo 아주 예쁜   alto – altíssimo 아주 키가 큰

2) 어말이 -vel 일 때는 -bilíssimo 형태로 쓴다.

agradável – agradabilíssimo 아주 온화한

amável – amabilíssimo 아주 사랑스러운

3) 어말이 -ão, -m일 때는 -níssimo 형태로 쓴다.

são – saníssimo 아주 성스러운   comum – comuníssimo 아주 보통의

4) 어말이 -z 일 때는 -císsimo 형태로 쓴다.

feroz – ferocíssimo 아주 사나운   feliz – felicíssimo 아주 행복한

5) 불규칙

bom – ótimo 아주 좋은, 최고의   mau/ruim – péssimo 아주 나쁜, 최악의

grande – máximo 아주 큰, 최대의   pequeno – mínimo 아주 작은, 최소의

fácil – facílimo 아주 쉬운   difícil – dificílimo 아주 어려운

4 강조 구문

1) é que를 넣으면 강조하는 표현이 된다. 특히 구어체에서는 의문사 다음에 넣어 많이 사용한다. 강조 구문이므로 é que를 빼더라도 구문에는 전혀 지장이 없어야 한다.

Eu é que agradeço. 내가 감사하죠.

Você é que sabe. 네가 알지.

Quando é que você vai voltar para casa? 언제 집에 돌아갈 거예요?

Onde é que você quer visitar? 어디를 방문하고 싶어요?

O que é que você faz mesmo? 진짜 무슨 일을 하세요?

Por que é que você comprou o carro usado? 왜 너는 중고차를 샀니?

2) ser ~ que ... (... 한 것은 ~ 이다) 강조구문을 이용하여 강조하고 싶은 내용을 ~ 부분에 넣어 말할 수 있다. 이때 ser동사 형태는 강조하는 부분의 인칭과 수에 일치시켜야 한다. 역시 ser동사 형태와 que를 빼도 구문에 지장이 없어야 한다.

Eu quero comer esta pizza. 나는 이 피자를 먹고 싶다.

→ Sou eu que quero comer esta pizza. 이 피자를 먹고 싶은 사람은 나다.

→ É esta pizza que eu quero comer. 내가 먹고 싶은 건 이 피자다.

Eu chamei você. 내가 너를 불렀다.

→ Fui eu que chamei você. 너를 부른 건 나였다.

(= Fui eu quem chamou você.)

Eles chamaram você. 그들이 너를 불렀다.

→ Foram eles que chamaram você. 너를 부른 건 그들이었다.

(= Foram eles quem chamou você.)

EXPRESSÃO

🎧 18-2

1 여행상품 관련 필수 어휘

패키지상품 pacote

패키지관광 excursão

주간 투어 passeio diurno

나이트투어 passeio noturno

가이드 guia

관광가이드북 guia turístico

지도 mapa

여행일정 itinerário

출발시간 hora de partida

도착시간 hora de chegada

관광지 lugar turístico

명소 lugar famoso

여행티켓 passagem

입장권 entrada, ingresso

관광안내소 posto de informação turística

관광여행사 agência de viagens e turismo

2 관광지 물어볼 때 쓰는 표현과 필수 어휘

Eu quero conhecer _____ _____를 가보고 싶다.
Eu vou visitar _____ _____를 방문할 것이다.
Onde fica _____? _____는 어디 있어요?

해변 a praia	해안 a costa	바다 o mar
산 a montanha	숲 o bosque	강 o rio
호수 o lago	폭포 a cachoeira	섬 a ilha
동굴 a gruta	곶 o cabo	만 a baía
공원 o parque	광장 a praça	궁전 o palácio
시청 a prefeitura	대성당 a catedral	탑 a torre
식물원 o jardim botânico	동물원 o jardim zoológico	수족관 o aquário
박물관 o museu	미술관 o museu de arte	전시장 a exposição
박람회, 시장 a feira	성 o castelo	

3 사진 찍을 때 쓰는 표현과 필수 어휘

Vamos tirar uma foto juntos. 다 함께 사진 찍자.
Poderia tirar uma foto para mim? 내게 사진 찍어줄 수 있어요?
Poderia tirar uma foto comigo? 나와 사진 찍어줄 수 있어요?
É só apertar este botão aqui. 여기 이 버튼을 누르기만 하면 됩니다.
Xis, um, dois, três e já. 치즈~ 하나, 둘, 셋, 찰칵.
Olha o passarinho. 여기를 보세요.

사진 foto, fotografia	디지털 카메라 câmera digital
렌즈 lente	버튼 botão
필름 filme	건전지 pilha
배터리 bateria	현상 revelação

163

APLICAÇÃO

Poderia me dar um mapa da cidade?   도시의 지도를 줄 수 있나요?

Preciso de um guia que saiba falar inglês.   영어를 할 줄 아는 가이드가 필요해요.

O guia acompanha a gente?   가이드가 우리를 따라다니나요?

Posso alugar um carro aqui?   여기서 차를 렌트 할 수 있나요?

Tem como fazer um bate e volta daqui até Florianópolis?
    플로리아노폴리스까지 당일치기할 수
    있나요?

Ouvi dizer que essa praia é muito bonita.   그 해변은 아주 예쁘다고 들었어요.

Como se chama essa praia?   이 해변의 이름이 어떻게 되나요?

A que horas abre o museu?   박물관은 몇 시에 여나요?

Quanto é o ingresso?   입장권이 얼마예요?

A entrada é grátis.   입장료가 무료예요.

Por acaso, a entrada está inclusa no preço do pacote?
    혹시 입장료가 패키지 가격에 포함되어
    있나요?

Onde posso pegar o ônibus turístico?   어디서 관광버스를 탈 수 있나요?

Quanto tempo leva essa excursão?   이 단체관광은 얼마나 걸리나요?

Quanto custa por pessoa?   1인당 얼마예요?

Esse é um dos parques mais famosos da cidade.
    이 곳은 도시에서 가장 유명한 공원 중
    하나예요.

Que ônibus vai para as Cataratas do Iguaçu?
    어떤 버스가 이과수폭포로 가나요?

Qual é o próximo ônibus para Foz do Iguaçu?
    포스두이과수행 다음 버스는 무엇인가요?

Este ônibus é executivo?   이 버스는 비즈니스클래스인가요?

O Cristo Redentor é um dos símbolos do Brasil.
    예수상은 브라질의 상징 중 하나예요.

Tem alguma loja de lembrancinhas por aqui?
    여기 주변에 기념품점이 있나요?

PRÁTICA ORAL

1 다음 não 과 함께 쓰는 표현을 넣어 문장을 완성해 보세요.

---

não ligar 상관하지 않다 / não dar bola 관심을 갖지 않다
não tem jeito 방법이 없다 / não tem nada a ver 아무 관계 없다
não adianta 소용없다 / não estou nem aí 신경 쓰지 않는다

Eu não _____ mais para sua opinião.   난 당신의 의견에 더 이상 상관하지 않는다.

Não _____ para ela no começo.   처음엔 그녀에게 관심 갖지 않았다.

Fazer o quê, né? Não _____   어쩌겠어? 방법이 없다.

Isso não _____ comigo.   그 일은 나와 아무 관계 없다.

Não _____ falar com o professor.   교수님과 말해봐야 소용없다.

Não _____ para vocês.   너희들에게 신경 쓰지 않는다.

2 다음 sem 과 함께 쓰는 표현을 넣어 문장을 완성해 보세요.

---

sem dúvida 의심할 여지없이 / sem estresse 스트레스없이
sem comentários 노코멘트 / sem problema 문제없이
sem você 너 없이 / sem exceção 예외없이

Todo mundo vai à festa sem _____   의심할 여지 없이 모두가 파티에 간다.

Quero passar o fim de semana sem _____   스트레스 없는 주말을 보내고 싶다.

Você gosta dela? Sem _____   그녀를 좋아하니? 노코멘트야.

Eu acabei o trabalho sem _____   문제 없이 일을 끝냈다.

Não posso fazer nada sem _____   너 없이는 아무 것도 할 수 없다.

Todos os alunos, sem _____ , tem que ir à escola.
모든 학생들은 예외 없이 학교에 가야 한다.

EXERCÍCIO

1 다음을 포르투갈어로 말해보세요.

1 A: 1인당 얼마예요?

       ....

   B: 150헤알입니다.

       ....

2 A: 이 패키지관광은 얼마나 걸려요? ....

   B: 대략 6시간이요.   ....

2 다음 빈칸에 알맞은 포르투갈어를 넣어 말해보세요.

1 히우에서 가장 유명한 관광지를 가보고 싶어요.

   Gostaria de .... os pontos .... mais ....
   do Rio.

2 저희는 최고의 패키지관광을 제공하고 있어요.

   Estamos .... uma ....

3 내가 원하는 게 바로 이거 예요.

   É .... que eu ....

4 다 함께 사진 찍자.

   Vamos .... uma foto ....

5 그 해변은 아주 예쁘다고 들었어요.

   .... dizer que essa .... é muito ....

19

처방전을 드리겠습니다.

Vou dar a receita.

DIÁLOGO

🎧 19-1

VOCABULÁRIO

sentir 느끼다

dor de garganta 인후통

tossir 기침하다

conseguir 성취하다

parar de ~을 멈추다

espirrar 재채기하다

febre 열

medir 재다

temperatura 체온

realmente 정말로

receita 처방전

injeção 주사

remédio 약

baixar 낮추다, 내리다

ligar 전화하다

médico/a 의사

Médico: O que o senhor está sentindo?

Beto: Sinto muita dor de garganta. À noite tusso muito e não consigo parar de espirrar.

Médico: O senhor está com febre?

Beto: Acho que sim.

Médico: Um momento. Vou medir sua temperatura. Realmente está com febre. Vou dar a receita. O senhor tem que tomar uma injeção e tomar o remédio de oito em oito horas.

Beto: Obrigado.

Médico: Se a febre não baixar, ligue para cá.

Médico: 증상이 어떻습니까?

Beto: 목이 많이 아파요. 밤에 기침을 많이 하고 재채기를 멈출 수가 없어요

Médico: 열이 있나요?

Beto: 그런 거 같아요.

Médico: 잠깐만요, 체온을 재보겠습니다. 정말 열이 있네요. 처방전을 드리겠습니다. 주사 한 대 맞아야 하구요, 약은 8시간마다 복용해야 합니다.

Beto: 고맙습니다.

Médico: 만약 열이 내리지 않으면 여기로 전화하세요.

GRAMÁTICA

① **동사-접속법 미래**

형태: 직설법 완전 과거 3인칭복수형에서 am을 뺀 형태를 단수는 그대로 쓰고, 복수에는 -mos, -em을 붙이는 형태이다. 따라서 규칙동사의 경우, 접속법 미래 단수 형태는 동사 원형과 같은 형태가 된다.

	-ar 동사	-er 동사	-ir 동사
1인칭 단수	-ar	-er	-ir
3인칭 단수	-ar	-er	-ir
1인칭 복수	-armos	-ermos	-irmos
3인칭 복수	-arem	-erem	-irem

주요 동사의 접속법 미래 형태 예

	ser/ir	estar	ter
1인칭 단수	for	estiver	tiver
3인칭 단수	for	estiver	tiver
1인칭 복수	formos	estivermos	tivermos
3인칭 복수	forem	estiverem	tiverem

	querer	poder	fazer
1인칭 단수	quiser	puder	fizer
3인칭 단수	quiser	puder	fizer
1인칭 복수	quisermos	pudermos	fizermos
3인칭 복수	quiserem	puderem	fizerem

용법

1) **불확실한 미래의 때를 표현할 때 사용**

Eu te ligo quando puder. 가능할 때 너에게 전화하겠다.

Não lave o carro enquanto não chover. 비가 오지 않는 동안 세차를 하지 마세요.

Vou dormir muito assim que chegar em casa. 집에 도착하자 마자 엄청 잘 것이다.

Quando eu for ao Brasil, vou comer churrasco.
브라질에 가면, 슈하스꾸를 먹을 것이다.

2) 가정법 미래(미래에 실현 가능한 가정문)에 사용

Se der tudo certo, vou viajar amanhã. 다 잘 되면 내일 여행 갈 것이다.

Se puder, quero conhecer Portugal. 가능하면 포르투갈을 가보고 싶다.

Se você quiser, te empresto meu carro. 네가 원하면 내 차를 빌려주겠다.

Se tiver dinheiro, vou comprar um apartamento.
돈이 있으면 아파트를 한 채 살 것이다.

Se não for muito caro, vou assistir o show da Marisa Monte.
아주 비싸지 않으면 마리자몽치의 쇼를 볼 것이다.

2 조건절 관용구

동사의 접속법 현재형 + 의문사 + 같은 동사의 접속법 미래형 순서로 써서 '~라 하더라
도' '~든지'의 의미를 나타내는 형태이다.

Seja quem for, diga que não estou. 누구라 하더라도 내가 없다고 말하세요.

Venha quem vier, vou ficar alegre. 누가 오더라도 나는 기쁠 것이다.

Vá aonde for, ele vai trabalhar bem. 어디 가더라도 그는 일을 잘할 것이다.

Haja o que houver, vou dizer a verdade. 무슨 일이 있더라도 나는 진실을 말할 것이다.

Dê quanto der, vou pagar minha dívida. 얼마가 되더라도 나는 빚을 갚을 것이다.

Faça o que fizer, ele não vai dar jeito. 무슨 일을 하더라도 그는 방법을 찾지 못할 것이다.

〈그 밖에 자주 쓰이는 형태〉

seja quando for 언제라도   seja onde for 어디라도

seja o que for 무엇이더라도   seja como for 어떻게라도

seja quanto for 얼마더라도   esteja onde estiver 어디에 있더라도

aconteça o que acontecer 무슨 일이 발생하더라도

3 'estar com + 추상명사' 구문으로 현재의 몸 상태를 표현한다.

Eu estou com gripe. 감기 걸렸다.

Eu estou com febre. 열이 있다.

Eu estou com dor de cabeça. 두통이 있다.

Eu estou com dor de barriga. 복통이 있다.

Eu estou com dor de dente. 치통이 있다.

Eu estou com cólica. 생리통이 있다.

Eu estou com uma ressaca. (Estou de ressaca.) 숙취가 있다.

EXPRESSÃO

🎧 19-2

① 병원 관련 필수 어휘

병원 hospital	진료소(의원) consultório	응급실 pronto-socorro
구급차 ambulância	환자 paciente	의사 médico/a
간호사 enfermeiro/a	체온 temperatura	맥박 pulso
진료 consulta	접종 vacina	주사 injeção
수술 operação	처방전 receita	입원 internação
치료 tratamento	침치료 tratamento de acupuntura	
내과 medicina interna	외과 cirurgia	성형외과 cirurgia plástica
소아과 pediatria	정신과 psiquiatria	안과 oftalmologia
비뇨기과 urologia	피부과 dermatologia	치과 odontologia
이비인후과 otorrinolaringologia	산부인과 ginecologia e obstetrícia	
수혈 transfusão de sangue	헌혈 doação de sangue	
혈액검사 exame de sangue	소변검사 exame de urina	

② 질병 관련 필수 어휘

소화불량 indigestão	알레르기 alergia	황열병 febre amarela
콜레라 cólera	말라리아 malária	당뇨병 diabetes
불면증 insônia	현기증 vertigem, tontura	설사 diarreia
변비 prisão de ventre	구토 vômito	결핵 tuberculose
감기 gripe	오한 calafrio	빈혈 anemia
폐렴 pneumonia	화상 queimadura	물집 bolha
종양 tumor	비만 obesidade	신경통 neuralgia
류마치스 reumatismo	심장발작 ataque cardíaco	고혈압 pressão alta
저혈압 pressão baixa	실신 desmaio	염증 inflamação
위염 gastrite	장염 enterite	간염 hepatite
비염 rinite	중이염 otite	결막염 conjuntivite
편도선염 amidalite	치주염 periodontite	충수염 apendicite
피부염 dermatite	아토피피부염 dermatite atópica	
폐암 câncer de pulmão	위암 câncer de estômago	
대장암 câncer de intestino	간암 câncer de fígado	
유방암 câncer de mama	자궁경부암 câncer do colo do útero	

3 약 관련 필수 어휘

약국 farmácia, drogaria	약 remédio	약사 farmacêutico/a
소화제 digestivo	진통제 analgésico	항생제 antibiótico
해열제 antifebril	소염제 anti-inflamatório	진정제 calmante
아스피린 aspirina	알약 comprimido	캡슐 cápsula
시럽 xarope	피임약 anticoncepcional	비타민 vitamina
연고 pomada	탈지면 algodão hidrófilo	반창고 esparadrapo
붕대 atadura	밴드, 드레싱 curativo	거즈 gaze

4 신체의 명칭

1) 얼굴

얼굴 rosto	머리 cabeça	머리카락 cabelo
이마 testa	눈썹 sobrancelha	속눈썹 pestana, cílio
눈꺼풀 pálpebra	눈 olho	코 nariz
귀 orelha	입 boca	입술 lábio
혀 língua	치아 dente	잇몸 gengiva
뺨 bochecha	턱 queixo	

2) 몸통

몸 corpo	목 pescoço	목덜미 nuca
어깨 ombro	가슴 peito	유방 seio
유두 mamilo	겨드랑이 sovaco, axila	배 barriga
배꼽 umbigo	허리 cintura	등 costas
골반 quadril	엉덩이 bunda, bumbum	

3) 팔

팔 braço	팔꿈치 cotovelo	손 mão
손목 pulso	손등 dorso da mão	손바닥 palma da mão
손톱 unha	손가락 dedo	엄지 polegar
검지 dedo indicador	중지 dedo médio	
약지 dedo anelar, dedo anular	소지 dedo mínimo	

4) 다리

다리 perna	허벅지 coxa
무릎 joelho	장단지 panturrilha, batata da perna
발목 tornozelo	발뒤꿈치 calcanhar
아킬레스건 tendão de Aquiles	발 pé 발가락 dedo do pé

5) 피부

피부 pele	털 pelo	점 pinta
주름 ruga	여드름 espinha	콧수염 bigode
턱수염 barba	구렛나루 costeleta	

6) 기관

기관 órgão	뼈 osso	갈비뼈 costela
뇌 cérebro	인후 garganta	귀속 ouvido
심장 coração	폐 pulmão	위 estômago
대장 intestino grosso	소장 intestino delgado	신장 rim
간 fígado	방광 bexiga	척추 coluna
음경 pênis	고환 testículo	음문 vulva
질 vagina	자궁 útero	항문 ânus

APLICAÇÃO

Acho que peguei uma gripe.
감기에 걸린 것 같아요.

Eu gostaria de marcar uma consulta para hoje.
오늘로 진료예약을 하고 싶어요.

Eu sinto vontade de vomitar.
토할 것 같아요.

Minha garganta está um pouco inflamada.
목이 좀 부었어요.

Meus olhos estão congestionados.
눈이 충혈되었어요.

Estou com o nariz entupido.
코가 막혔어요.

Estou sofrendo de insônia.
불면증으로 고생하고 있어요.

Minha mão ficou paralisada.
손이 마비되었어요.

Meu braço está meio dolorido.
팔이 조금 저려요.

Eu torci o tornozelo.
발목을 삐었어요.

Meu pai caiu e machucou o joelho.
아버지가 넘어져서 무릎을 다쳤어요.

Escorreguei na escada e quebrei a perna.
계단에서 미끄러져서 다리가 부러졌어요.

Passe a pomada nos seus pés.
발에 연고를 바르세요.

O paciente tem que andar com muletas. 환자는 목발을 짚고 걸어야 해요.

Ele foi levado para a UTI (Unidade de Terapia Intensiva).
그는 응급실로 옮겨졌다.

Na ambulância cabem dois feridos. 구급차에는 부상자 두 명만 들어갈 수 있다.

Quantas vezes ao dia devo tomar o remédio?
하루에 몇 번 이 약을 복용해야 하나요?

Quantos comprimidos devo tomar por vez?
한번에 몇 알을 복용해야 하나요?

Tome dois comprimidos após cada refeição.
식후에 두 알씩 복용하세요.

Tome duas colheres do xarope antes das refeições.
식전에 시럽 두 스푼씩 드세요.

PRÁTICA ORAL

● 다음 전치사 수반 동사 및 형용사의 의미에 맞게 올바른 전치사를 넣어 문장을 완성해 보세요.

---

aprender a ~ ~하는 것을 배우다 / ensinar a ~ ~하는 것을 가르치다

ajudar a ~ ~하는 것을 도와주다 / começar a ~ ~하는 것을 시작하다

continuar a ~ ~하는 것을 계속하다 / igual a ~ ~와 같은

Eu vou aprender .... nadar nestas férias.

나는 이번 방학에 수영하는 것을 배울 것이다.

Eu ajudei minha esposa .... cozinhar.

나는 아내가 요리하는 것을 도와주었다.

Minhas filhas começaram .... falar ao mesmo tempo.

딸들이 동시에 말하기 시작했다.

---

acabar de ~ 막 ~하다 / gostar de ~ ~(하는 것)를 좋아하다

parar de ~ ~하는 것을 멈추다 / deixar de ~ ~하는 것을 포기하다

lembrar-se de ~ ~를 기억하다 / esquecer-se de ~ ~를 잊어버리다

cuidar de ~ ~를 돌보다 / depender de ~ ~에 달려 있다

fácil de ~ ~하기에 쉬운 / difícil de ~ ~하기에 어려운

O avião acabou .... chegar no aeroporto.

비행기가 공항에 막 도착했다.

Eu gosto .... jogar beisebol com meu filho.

나는 아들과 야구하는 것을 좋아한다.

Meu pai parou .... fumar.

아버지는 담배를 끊으셨다.

---

acreditar em ~ ~를 믿다 / confiar em ~ ~를 믿다

pensar em ~ ~를 생각하다 / interessado em ~ ~에 흥미있는

concordar em + V ~하는 것에 동의하다 / contente em + V ~하는 것에 만족하는

Eu sempre penso .... você.

나는 항상 너를 생각한다.

Eu estou interessado .... aprender português.

나는 포어 배우는데 흥미가 있다.

---

casar-se com ~ ~와 결혼하다 / parecido com ~ ~와 닮은

concordar com + N ~에 동의하다 / contente com + N ~에 만족하는

Eu fiquei muito contente _____ a notícia. 나는 그 소식에 매우 만족했다.

Ele é parecido _____ a mãe dele. Ele puxou à mãe. 그는 엄마와 닮았다.

EXERCÍCIO

1 다음을 포르투갈어로 말해보세요.

1 A: 증상이 어떻습니까?   _____

B: 목이 많이 아파요.   _____

2 A: 제가 열이 있어요.   _____

B: 주사를 한 대 맞아야 합니다.   _____

2 다음 빈칸에 알맞은 포르투갈어를 넣어 말해보세요.

1 오늘로 진료예약을 하고 싶어요.

Gostaria de _____ uma _____ para hoje.

2 처방전을 드리겠습니다.

Vou _____ a _____

3 약은 8시간마다 복용해야 해요.

Você precisa _____ o _____ de oito _____ oito horas.

4 감기에 걸린 것 같아요.

Acho que _____ uma _____

5 식후에 두 알씩 복용하세요.

Tome dois _____ após _____ _____

LIÇÃO 20

사고   너한테 무슨 일 있어?

O que houve com você?

DIÁLOGO

🎧 20-1

Carina: O que houve com você?

Beto: Fui assaltado. Eu me assustei um pouco.

Carina: Você está bem? Não se machucou?

Beto: Graças a Deus, não me machuquei.

Carina: Ainda bem.

Beto: Um moço bem magro levou meu celular. Fiquei meio assustado.

Carina: Esse é o bairro mais perigoso da cidade. Tem que tomar cuidado.

Carina: 너한테 무슨 일 있어?

Beto: 강도를 당했어. 조금 놀랬어.

Carina: 괜찮아? 안 다쳤어?

Beto: 다행히 다치진 않았어.

Carina: 그나마 다행이네.

Beto: 어떤 아주 마른 젊은 애가 내 휴대폰을 가져갔어. 조금 놀랬네.

Carina: 이곳이 도시에서 가장 위험한 동네야. 조심해야 돼.

VOCABULÁRIO

haver ~가 있다

assaltado/a 강도 당한

assustar-se 놀라다

machucar-se 다치다

graças a ~덕분에

levar 가져가다

celular 휴대폰

meio 조금

assustado/a 놀란

bairro 구(區), 동네

perigoso/a 위험한

ter que ~해야만 한다

cuidado 주의

176

GRAMÁTICA

1 구문 연결 표현

1) 원인

por isso, por essa razão 그래서, 그런 이유로

devido a ~ ~에 기인하여

2) 목적

para que ~ ~을 위하여

com o propósito de ~ ~의 목적으로

3) 의견

na minha opinião 내 의견으로는

no meu ponto de vista 내 관점에서는

4) 분석

por um lado 한편으로

por outro lado 다른 한편으로

a meu ver 내가 보기엔

5) 예시

por exemplo 예를 들면

um bom exemplo seria ~ 좋은 예는 ~일 것이다

6) 언급

com relação a ~, em relação a ~ ~에 관해서는

sobre ~, quanto a ~, a respeito de ~ ~에 대하여

7) 인용

segundo ~, conforme ~, de acordo com ~ ~에 의하면

8) 일반화

normalmente, geralmente 일반적으로

no total 전반적으로

9) 특정화

para ser específico 구체적으로

acima de tudo 무엇보다도

10) 첨가

além disso 그 외에도

e ainda 게다가

11) 환언

quer dizer, ou seja 즉

em outras palavras 다른 말로 하면

12) 전환

a propósito 그런데

mesmo assim, no entanto, entretanto, todavia, contudo 그럼에도 불구하고

de qualquer jeito, de qualquer modo, de qualquer maneira,
de qualquer forma 어쨌든

13) 요약

portanto 그러므로

resumindo 요약하면

14) 결론

no fim (das contas), no final (das contas) 결국

como resultado 결과로서

2 태도 표출 표현

1) 의무

tenho que ~, devo ~ ~해야만 한다

2) 당연

É claro. É lógico. 당연하다

3) 정직

para ser sincero, francamente 솔직히

4) 놀람

para minha surpresa, surpreendentemente 놀랍게도

5) 확실

com certeza, certamente, sem dúvida 확실히, 의심할 여지없이

6) 불확실

pelo que sei, pelo que saiba, 내가 알기로는

não posso dizer com certeza mas 확실치는 않지만

7) 권위

pela minha experiência 내 경험에 의하면

falando profissionalmente 전문적으로 말하자면

8) 안타까움

infelizmente, lamentavelmente 안타깝게도

9) 실망

para minha decepção 실망스럽게도

fiquei meio decepcionado que ~ ~해서 조금 실망했다.

10) 안심

Fique tranquilo. 안심하세요.　　　　　Não se preocupe. 걱정 마세요.

3 수동태와 과거분사(pp)

1) 능동태 구문을 수동태로 바꾸면 다음과 같다.

능동태: A(주어)　V(동사)　B(목적어)
수동태: B(주어)　ser+pp　por A(행위자)

2) 과거분사는 규칙형태와 불규칙형태로 구분되며, 문장을 구성할 때는 주어의 성수에 일치시켜 -o, -a, -os, -as로 사용한다.

(1) 과거분사(pp) 규칙형태

-ar동사	-ado
-er동사	-ido
-ir동사	

179

(2) 과거분사(pp) 불규칙형태

동사원형	의미	불규칙 pp형태
abrir	열다	aberto
cobrir	덮다	coberto
fazer	~하다, 만들다	feito
dizer	말하다	dito
escrever	쓰다	escrito
ver	보다	visto
pôr	놓다, 넣다	posto
gastar	소비하다	gasto
pagar	지불하다	pago
ganhar	얻다, 이기다, (돈)벌다	ganho
vir	오다	vindo

3) 능동태를 수동태로 바꿀 때는 다음 3가지 사항을 주의한다.

(1) 수동태의 시제를 능동태의 시제와 일치시킬 것.

(2) 과거분사(pp)가 불규칙형태인지 규칙형태인지 따져볼 것.

(3) 과거분사(pp)를 주어의 성수에 일치시킬 것.

⊘ 다음 예문을 보면서 하나하나 따져보도록 한다.

능동태: Um menino roubou minha bolsa. 한 소년이 내 핸드백을 훔쳤다.

수동태: Minha bolsa foi roubada por um menino. 내 핸드백은 한 소년에 의해 도난당했다.

(1) 능동태의 시제가 완전과거(roubou)이므로 수동태의 시제도 완전과거(foi)임.

(2) 동사(roubar)가 과거분사 불규칙형태에 해당되지 않으므로 규칙형태(-ado)임.

(3) 주어(minha bolsa)가 여성단수 이므로 과거분사도 여성단수 형태(roubada)임.

4 Deus(신)를 사용한 표현

자주 쓰이는 구문 중에는 다음과 같이 Deus가 들어간 표현들이 있다.

Graças a Deus 신 덕분에, 다행히

Pelo amor de Deus. 제발 좀!

Fique com Deus. 신의 축복 있기를!

Só Deus sabe. 단지 신만이 알고 있다, 즉 나는 모르겠다.

Se Deus quiser. 신이 원한다면, 즉 사정이 된다면.

5 se의 활용

구문에서 자주 사용되는 se 형태는 크게 5가지 용법으로 구분할 수 있다.

1) 가정문 (만약~)

Se eu tivesse muito dinheiro, compraria uma casa grande.
내가 돈이 많았다면, 큰 집을 샀을 것이다.

Se eu tiver muito dinheiro, vou comprar uma casa grande.
내가 돈이 많다면, 큰 집을 살 것이다.

2) ~인지 아닌지

Eu não sei se ele vai ao cinema amanhã. 내일 그가 영화관에 가는지 모르겠다.

Eu perguntei se ele sabe tocar piano. 그녀가 피아노를 칠 줄 아는지 물어봤다.

3) 재귀대명사

Ele se levantou muito cedo. 그는 아주 일찍 일어났다.

Eles se levantaram às 6 horas. 그들은 6시에 일어났다.

4) 수동태

Alugam-se carros. (= Carros são alugados.) 차 빌려드립니다.

Vendem-se casas. (= Casas são vendidas.) 집 팝니다.

Consertam-se celulares. (= Celulares são consertados.) 휴대폰 수리합니다.

Compram-se livros usados.(= Livros usados são comprados.) 중고책 삽니다.

5) 불특정주어

Precisa-se de pessoas para cuidar de idosos.

(= Procuramos pessoas para cuidar de idosos.) 노인들 돌볼 사람을 구합니다.

EXPRESSÃO

🎧 20-2

1 분실과 도난시 쓰는 표현

O que aconteceu com você?	너한테 무슨 일 있어?
Eu perdi _____	_____ 분실했어.
meu passaporte	내 여권
meu billhete de avião	내 비행기표
meu cartão de crédito	내 신용카드
minha mochila	내 백팩
minha pasta	내 서류가방
minha mala	내 짐가방
_____ foi roubado/a.	_____ 도난당했어.
Meu celular	내 휴대폰
Minha carteira	내 지갑
Minha bolsa	내 핸드백

2 사고 상황 관련 필수 어휘

분실 perda	분실하다 perder	절도 roubo
훔치다 roubar	도둑 ladrão, ladra	강도(사건) assalto
강도질하다 assaltar	강도(사람) assaltante	납치 sequestro
납치하다 sequestrar	납치범 sequestrador(a)	강간 estupro
강간하다 estuprar	강간범 estuprador(a)	살인 assassinato
살인하다 assassinar	살인범 assassino/a	범죄 crime
증인 testemunha	용의자 suspeito/a	범인 criminoso/a
피해자 vítima	사고 acidente	부상 ferido
폭행 violência	무기 arma	경찰 polícia
경찰관 policial	경찰서 delegacia	파출소 posto policial
대사관 embaixada	영사관 consulado	

APLICAÇÃO

O que é que foi?	무슨 일이야?
Minha carteira sumiu.	지갑이 없어졌어요.
Deixei o meu celular no táxi.	택시에 휴대폰을 놓고 내렸다.
Provavelmente fui roubado no metrô.	아마 지하철에서 도난당한 것 같아요.
Onde fica a seção de achados e perdidos?	분실물센터가 어디 있어요?
Ontem à noite, fui assaltado.	어제 밤에 강도를 당했어요.
Queria fazer uma denúncia à polícia.	경찰에 신고하고 싶어요.
Queria fazer um BO (boletim de ocorrência).	사건발생증명서를 만들고 싶어요
Eu sofri um acidente de trânsito.	교통사고를 당했어요.
Ela bateu no carro da frente.	그녀가 앞의 차를 박았어요.
O ônibus bateu num caminhão.	버스가 트럭을 박았어요.
Quantas pessoas se feriram?	몇 명이 다쳤나요?
Meu filho viu tudo o que aconteceu.	아들이 무슨 일이 있었는지 다 봤어요.
Ele é testemunha.	그가 증인입니다.
Ainda bem que o acidente não foi grave.	사고가 심각하지 않아 그나마 다행예요.
Eu posso descrever o carro.	내가 차를 묘사할 수 있어요.
Mas não me lembro do número da placa.	하지만 번호판 번호를 기억 못하겠어요.
Houve um grande incêndio no centro.	시내에서 큰 화재가 있었어요.
Eu trouxe a caixa de primeiros socorros.	구급상자를 가져왔어요.
Tem alguém que saiba fazer respiração boca a boca?	심폐소생술 할 줄 아는 사람 있어요?

PRÁTICA ORAL

● 다음 구문을 perder 동사 완전과거 변화형에 맞추어 포르투갈어로 말해보세요.

---

perder a chance 기회를 놓치다

perder o avião 비행기를 놓치다

perder o metrô 지하철을 놓치다

perder o ônibus 버스를 놓치다

perder o espetáculo Peter Pan 피터팬 공연을 놓치다

perder a aula 수업을 빼먹다

perder o jogo 경기를 지다

perder a carteira 지갑을 잃어버리다

perder a chave 열쇠를 잃어버리다

perder o cachorrinho 강아지를 잃어버리다

nunca perder nada 아무것도 잃어버리지 않다

perder a paciência 인내심을 잃다

perder tempo 시간을 버리다

perder a hora e chegar atrasado no trabalho 시간을 놓쳐 직장에 늦게 도착하다

perder o sono e dormir pouco 잠이 안 와서 거의 못 자다

| 완전과거 |

Eu perdi _____

Você perdeu _____?

Ele/Ela/A gente perdeu _____

Nós perdemos _____

Vocês perderam _____?

Eles/Elas perderam _____

EXERCÍCIO

① 다음을 포르투갈어로 말해보세요.

1 A: 너한테 무슨 일 있어? _____

B: 강도를 당했어. _____

2 A: 너 안 다쳤어? _____

B: 다행히 다치진 않았어. _____

② 다음 빈칸에 알맞은 포르투갈어를 넣어 말해보세요.

1 내 비행기 표를 분실했어.

Eu _____ meu _____ de avião.

2 택시에 휴대폰을 놓고 내렸다.

Eu _____ o meu _____ no táxi.

3 내 지갑을 지하철에서 도난 당했어요.

Minha _____ foi _____ no metrô.

4 교통사고를 당했어요.

Eu _____ um _____ de trânsito.

5 시내에서 큰 화재가 있었어요.

_____ um grande _____ no centro.

해답

LIÇÃO 01

1 A: Oi Ronaldo, tudo bem?
   B: Tudo bem, e você?
   A: Tudo bom.
2 A: Boa noite, dona Maria, como é que vai?
   B: Bem, obrigada, e o seu Pedro?
   A: Bem, obrigado.

1 Tchau, a próxima
2 fim / final, semana
3 noite, amanhã
4 obrigado/a, nada
5 Desculpe, foi nada / faz mal / tem importância.

LIÇÃO 02

1 A: Qual é o seu nome?
   B: Meu nome é Helena.
   A: Muito prazer.
   B: O prazer é meu.
2 A: De onde você é?
   B: Eu sou da Coreia.

1 coreano/a
2 espanhola
3 casado/a
4 solteiro/a
5 daqui

LIÇÃO 03

1 A: Onde você mora?
   B: Eu moro em Seul.
2 A: Você tem filhos?
   B: Eu tenho uma filha.

1 com minha esposa
2 sozinho/a
3 meu cunhado
4 minha prima
5 do meu marido

LIÇÃO 04

1 A: Onde é que você trabalha?
   B: Eu trabalho no banco.
2 A: O que é que você faz?
   B: Eu sou funcionário/a público/a.

1 anos, tem
2 Qual, (o) seu
3 tenho muitos
4 advogado, esposa, médica
5 marido, funcionário

LIÇÃO 05

1 A: Que dia da semana é hoje?
   B: Hoje é quarta-feira.
2 A: Que horas são agora?
   B: São quatro e meia.

1 aniversário, vinte e quatro, janeiro

2 filho, vinte e nove, março
3 Amanhã, primeiro, dezembro
4 janto, oito, noite
5 morrendo, fome

 LIÇÃO 06

 1
1 A: Como está o tempo hoje?
   B: Hoje está úmido e abafado.
2 A: Eu fui à praia ontem.
   B: Mas o tempo estava muito instável.

2
1 repente, chover
2 parcialmente nublado
3 nevando, fora
4 viu, previsão
5 nem frio nem quente

 LIÇÃO 07

1
1 A: Você pode assistir ao jogo comigo hoje à
      noite?
   B: Eu quero mas hoje não dá.
2 A: Vou ao cinema pelo menos uma vez por
      mês.
   B: Qual é seu tipo de filme favorito?

2
1 gosta, jogar
2 gosto, tocar
3 quero, filme, comédia
4 tinha, bebia
5 podia fechar

 LIÇÃO 08

1
1 A: Você está livre neste domingo?
   B: Acho que vou ficar em casa.
2 A: Pode ser às oito da noite?
   B: A gente se vê lá então.

 2
1 me levanto às
2 estudo ouvindo
3 banco, frente, correio
4 vai fazer, fim
5 convidar, para

 LIÇÃO 09

1
1 A: Onde fica a estação de metrô?
   B: Vira à esquerda na primeira rua.
2 A: Dá para ir a pé?
   B: Leva uns 15 minutos.

2
1 Segue, frente, rua
2 Vira, direita, sinal
3 Vira, esquerda, rua
4 bilheteria, banheiro
5 Quanto, leva

 LIÇÃO 10

1
1 A: Como faço para ir ao correio central?
   B: Você tem que pegar um ônibus com
      destino ao Centro.
2 A: Que linha preciso pegar para ir na
      estação Sé?
   B: Você precisa pegar a linha 1.

 2
1 trabalho, metrô

2   no ônibus
3   chamar, táxi, mim
4   deixe descer, esquina
5   ficar com, troco

 LIÇÃO 11

 1

1   A: Que tal experimentar uma comida típica?
    B: Você poderia me recomendar uma
       churrascaria?
2   A: Eu queria fazer uma reserva para as oito
       da noite.
    B: Quero sentar perto da janela.

 2

1   recomendar, japonês
2   horas fecha
3   Vamos, lanchonete
4   fiz, em
5   sei cozinhar

 LIÇÃO 12

 1

1   A: O cardápio, por favor.
    B: O que gostaria de pedir?
2   A: E para beber?
    B: Para mim um chope bem gelado.

2

1   pedir, aperitivo
2   bife acebolado
3   ao ponto, malpassado
4   mesmo prato
5   o que, pedi

 LIÇÃO 13

 1

1   A: Eu queria ver uma camiseta.
    B: Qual é o seu tamanho?
2   A: Gostaria de mais alguma coisa?
    B: Não obrigado.

 2

1   provar, saia
2   provador, ali
3   calça, pouco apertada
4   fica bem em mim
5   mandei consertar

 LIÇÃO 14

 1

1   A: Quanto é esse/a aqui?
    B: Deixe eu ver. É 400 reais.
2   A: Pode me dar um desconto?
    B: Damos 10% de desconto para pagamento
       à vista.

 2

1   em, parcelas/prestações, juros
2   com, crédito
3   à vista, desconto
4   trocar, por
5   mandar, para

 LIÇÃO 15

 1

1   A: Eu gostaria de abrir uma conta.
    B: Poderia me dar a carteira de identidade?
2   A: Quanto está a cotação do dólar para o
       real?
    B: Um dólar equivale a três e trinta.

 2

1   fazer, depósito

2 pagar, conta, luz
3 encontrar, caixa eletrônico
4 está, taxa, câmbio
5 preencher, assinar

 LIÇÃO **16**

 1
1 A: Quero ir às treze horas. Pode ser?
   B: Este voo já está lotado.
2 A: Será que tem vaga no voo das dezesseis
      horas?
   B: Tem somente dois lugares.

 2
1 fazer, reserva
2 fazer, transferência
3 voo, escala
4 passeio, negócios
5 passaporte, cartão de embarque

 LIÇÃO **17**

1
1 A: Gostaria de fazer uma reserva para
      amanhã.
   B: Quantas pessoas?
2 A: Quantos dias pretende ficar?
   B: Quanto é a diária?

2
1 duplo, duas, solteiro
2 diária, com, incluso
3 fiz, reserva, nome
4 prefiro, vista, mar
5 chuveiro, funcionando

 LIÇÃO **18**

1
1 A: Quanto custa por pessoa?
   B: Cento e cinquenta reais por pessoa.
2 A: Quanto tempo dura essa excursão?
   B: Mais ou menos 6 horas.

2
1 conhecer, turísticos, famosos
2 oferecendo, ótima excursão
3 exatamente isso, quero
4 tirar, juntos
5 Ouvi, praia, bonita

 LIÇÃO **19**

1
1 A: O que o senhor está sentindo?
   B: Sinto muita dor de garganta.
2 A: Eu estou com febre.
   B: Você tem que tomar uma injeção.

2
1 marcar, consulta
2 dar, receita
3 tomar, remédio, em
4 peguei, gripe
5 comprimidos, cada refeição

 LIÇÃO **20**

 1
1 A: O que houve com você?
   B: Fui assaltado.
2 A: Você não se machucou?
   B: Graças a Deus, não me machuquei.

2
1 perdi, bilhete
2 deixei, celular.
3 carteira, roubada

4 sofri, acidente
5 Houve, incêndio